0歳児支援・保育革命 *1*

0歳の子育て家庭支援・保育を問い直す

永田陽子

■ 目次

ななみブックレット　No.9

まえがき

子育ての大変さはどの時代も変わらない。親のたくさんの労力と気配り、喜びや悩み・苦しみが子どもを育てる。子育ては、省エネも合理化もできない。しかし、子どもの笑顔や自己主張に成長の喜びを感じ、忘れてしまった自分の育ったプロセスを観るおもしろさがある。そして、合理化できない人としての歩みに注目すれば、子育てほど面白くて凄いことはこの世にないのではないか。これ程、大人を鍛えてくれる仕事はないと私は思っている。その貴重な機会を与えられた人々に、その時を十分に楽しみ、悩み、面白がり学んでほしいと願っている。それは、生物的な親でも育ての親でも同じなのだ。

また、すべての親にサポートが不可欠な点も、いつの時代も同じだ。特に初めての子育ては大人にとって未知の世界だ。しかし、親自身にも周囲にも〝子育ては学ばなくてもやれる〟との錯覚がどこかにある。それに加え、現代に流布している合理的思考で、成功か失敗かの判断基準を「子育て」にも当てはめてしまう。失敗したら自分の責任とばかり緊張や不安を持って子育てに臨み、理屈で指示に従うことを子どもに強制しがちになる。子育ての喜びは、「共にいる」と感じられる時や体験ではないだろうか。言葉を話せるようになれば、それもしやすい。思いがけない子どもの発言に心を和ませることもある。しかし、言葉を話さない誕生から1歳までの0歳期は、親が乳児の心を受け取る事は非常に難しい。支援者の我々でさえも、どれだけ感じ取れるだろうか。だから、0歳期は、他の時期とは異なる特別な支援が必要なのだ。

そして、乳児にとっても最初の一年は特別な時期だ。守られていた母体からまったく未知の世界に誕生する。へその緒が切られると同時に、栄養も摂れない。すべての守りがなくなるとてつもない世界に投げ出される。その環境で、誰にどのように頼れば安心して命をつなぐことができるかを学ぶ一年である。

本著は、親にとっても子どもにとっても０歳期は、１歳以降とは全く別の視点で、支援や保育をする必要性を投げかけている。０歳児にかかわる方には是非一読して頂きたい。

❶では、現場からの昨今の親や子どもの変化を取り上げた。０歳期には特別な支援がなぜ必要なのかを裏付ける❷愛着形成について、そして、❸０歳期の素晴しい能力を最近の研究結果からまとめた。子どもがどのように育っていたかの子育て支援のヒントを得るべく❹で子どもが育つ環境を再考した。大家族の在り方から、子どもが育つ時に必要なことや０歳児親子が利用する子育て広場の役割に言及した。最後に❺では、『０歳児支援・保育革命』として予防的観点と０歳児支援の根本的転換を提案した。これまでの〝親〟支援だけではなく、０歳期にこそ乳児との共同作業・コミュニケーションの大切さや方法を支援者が学び、親に伝える提案で締めくくった。本著が子育て支援者の視点の整理や、今後の方向性をつかむ一助になれば幸いである。

なお、０歳期の乳児とのコミュニケーションの具体的な方法やポイントは追って出版の予定である。その方法は、０歳児の親が学ぶと目を輝かせ、「育児が楽しくなった」というすぐれものである。また、支援者は、０歳児支援に確信がもてるだろう。期待をしてほしい。

1　子育ての変化

近年、様々な育児支援や育児の便利グッズが増えても、子育てを楽しめている親が増えているとは感じられない。臨床心理士としての40余年の相談経験からは、むしろ、親たちの子育ての緊張感が高まっているように思う。我が子が他児とトラブルを起こさないかとハラハラする、相手に気を遣い無理をする親たちの現状にぶつかる。驚くのは、親たちの自己肯定感の低さである。家族のために配慮と努力をしているにもかかわらず、不足の点を見ては自信をもてないでいる。子育て広場をつくり、孤立予防などの今までの子育て家庭支援のあり方だけでよいのだろうか？

これからの子育て家庭支援のあり方を考えてみようと思う。核家族化や情報化が進む中で、子育ては大きな転換期になっている。スマホ等通信機器類が子育てにこれほど導入された時代はなく、これからも、子どもの育ちへの影響は真剣に考えていかねばならない。急速に社会が変化している中で、まず、子育て相談から見える親たちの変化を捉えてみたい。

❶ 育児への向き合い方の変化 ― 相談から

● 親の感情が中心になる

私が子育て相談の内容の変化を捉えたのは、１９８０年代だった。子どもの状態より親の気持ちで相談をするかどうかを決める現状にぶつかった。子どもに発達の遅れがあるとわかっていても、「この子は可愛いから相談しなくてよい」というのが親の理由である。子どもの成長を親がどう支えるかの視点ではなく、大人の感情が中心に据えられるようになっていた。時を一にして、保育園の巡回相談では、「以前は、子どもにとって良いことをやろうと保護者と保育士が車の両輪となれたが、それができなくなった」との保育者からの嘆きを頻繁に聞くようになった。1980年の調査では、育つ時に乳児の世話をしたことがない人が39％とほぼ五人に二人は育児の経験のないまま親になっている（大阪レポート）。育つ時に育てる体験の不足の影響も否めないと思われた。世代は二世代目の核家族で、育つ時に大家族や地域の交流の経験も少ない。

● イライラ感が増す ― 合理的な思考の育児

次の変化は、21世紀に入った頃である。国の子育て支援策・エンゼルプラン（1994）以降子育て広場で乳幼児の親同士の交流が推進され、親の孤立予防が盛んに言われた頃である。同時に急速に携帯電話等の機器が進歩し、個人対個人レベルでの通信が可能になったことも、子育ての変化に拍車をかけたと考えられる。また、ゲーム機も子どもだけでなく大人も使うようになった。親が乳幼児を膝に抱きながらPCでゲームをする。親が外に出るのを嫌い乳児に動画を繰り返し見せる等をよく聞くようになった。この頃、一生懸命に子育てをする親たちの言動が非常に『理論的』になってきた。乳幼児のすることが理解できない、受け入れられない、「なぜ、その行動をするのですか」との相談が出てきた。「『落としたら、ダメ』と言ったのにやめない。私だったら食べ物を落とさないし、注意されたら繰り返さない」というのである。やめさせる方法を知りたがる親が増えてきた。これは、子どもがすること（＝現実）から思考をスタートさせるのではなく、自分の思いに周囲（相手）が添うことを当然とする考え方である。確かに、親の発言は正しいのだが、子どもはこの世に生を受けてまだ間もない。まだ、学び途中、いや学びが始まったばかりの時期である。特に、言葉を話し「イヤ」を言うようになると、親のこのような発言は多くなる。頭で理解することと感情は異なるのが人間だ。正しいとわかっていても行動が伴わないことは大人でもある。だが、子どもには従うことを求めてしまうのだ。〝子どもはこんなことをするのだ〟との驚きや成長の喜びとしてとらえられない。自分の育ちを振り返り、自分もこのような時期があったとの思いに至れない。だから、私が望まないことをする、余計な掃除が増えると親自身の大変さになってしまう。

● 義務的育児＋スマホ育児 ― 淡々とこなす

そして、２０１０年代、年を追うごとに、〝義務的な〟育児をする親に多く出会うようになった。親は皆育児を頑張っている。おむつ替えや授乳は可視化できるが、子どものぐずりや睡眠は子どもの気持ちや状況によって一律にはいかない。親は一生懸命、家事・育児をこなし、淡々として表情が少ない。都会では電車の中で、スマホ等を見せたりいじらせる姿を目にするようになった。育児を開始したものの、言葉で語ってくれず泣くばかりの赤ちゃんを前にして途方に暮れる親たちにとって、手っ取り早い解決法はスマホである。現在、２歳までに約６割の子どもがスマホ等を利用し始め（子どもたちのインターネット利用について考える会、２０１６）０歳21・８％（総務省資料では10・５％）、１歳41・８％（同16・６％）、２歳56・０％（同31・４％）の子どもが使用しているという。機器類が子どもの育ちにマイナスと言い切ることはできないが、どの程度の使用だと支障がないかの正確な答えも出ていない。日本小児科医会や日本医師会はスマホの使用への警告を発している。

　親の淡々とした表情を見て子どもはどのように育つのだろうか。子どもが生まれた時に、「子育てのマニュアルがついていたらよかったのに」との親の声はあながち冗談ではないのだろう。ＰＣが得意な現代の親は、人には聞かずインターネットで育児情報を得る。たくさんの情報を瞬時に入手できるが、不要な情報も見ることになる。どれが今の我が子に適切なのかの判断の基準がわからず、さらに不安が増す。そして、『生後３か月で指しゃぶりをするが、ストレスがあるのでしょうか？やめさせた方が良いのでしょうか？』『発達障がいではないですか？』と不要な情報を得たための不安を相談に持ち込む。説明を得て安心するが、また新たな不安が沸き、教えてほしくなる。子どもの様子や状況を観て判断することを習得していないからである。時には便利グッズに頼る。このような親の疑問に応える子育て支援のあり方では、膨大な数の支援者が必要になる。親自身が子どもの様子を良く観察し、自分で考え判断していく力をつけることが必要だろう。

公益社団法人　日本小児科医会

　２０１１年の東日本大震災時に『想定外』との言葉がしきりに使われた。経験や知識が活用できない時、誰もがどうしてよいかわからない大きな不安を抱える。初めての子育てであれば、なおさら親は育児でたくさんの〝想定外〟に直面する。子育て広場で仲間をつくり孤立が解消する、インターネットで育児情報を〝知る〟ことはできるが、我が子の今の状態にどれを当てはめて良いのかの『判断の基準』がわからない。第2子以降の子育てが楽なのは一度経験し判断の基準があり、先の見通しが多少持てるからだ。育児を始めた親に何をどのように伝えていけばよいか、述べてきたような社会の変化を加味して、子育て家庭支援は考えていくことが必要である。

今のようなハウツーを求め、理論的に子どもを当てはめようとする育児では、子どもの心の育ちが心配である。まして、親以外の人とのかかわりが極端に減少している社会である。以前より親が影響力を持つ事は否めないだろう。だからこそ、支援者は親に子どもとのかかわり方を伝えられる技量も考え方や気持ちも持たなければならないと思う。また、親とは異なるかかわり方をする人として、子どもに寄り添うことももっと意識しなければならない。親に力がないわけではなく、『親としての力』を磨く社会環境が変化しているのだ。従って、親が『親としての力』を磨きやすい様に支援や環境を変えればよいと思う。

子どもは体も知性、感性も育つ力を秘めている。それらは、使わなければ成長につながらない。まして、人がきちんと向き合わなければ、感情の適切な表し方も人としての感性も子どもは学ぶことはできない。育児は地道な作業なのである。逃げられない状況だから苦しいが、越えた時の喜びとなりかけがえのない絆ができ、人生の豊かさになるのだろう。その過ごした歴史は、誰にも変わることができない親と子の世界にたった一つの歩みとなる。

❷ 子どもの育ちの変化

● 情緒的な幼さ

年齢相応に感情のコントロールができない子が増えていると幼稚園・保育園・学校関係の先生方から聞くことが多い。友達の嫌がることをする、思い通りにならないと物や相手にあたるなど年齢より対人関係の幼い子どもが増えてきているように思う。その多くは、生まれつきの能力ではなく、育つ時に習得すべきことが学べていないことによると筆者は考えている。

あちこちに気が散って一つの事に集中しないのは、小さい子どもに一般的にみられる行動である。しかし、小学生近くなっても常にそのような傾向がみられ、感情のコントロールができず、時として衝動的な行動をとり、相手の気持ちを察することが苦手だと発達障がいを疑われる。診断がつくのは小学生になってからが多いが、それを疑わせる行動をとる子が増えているように思う。しかし、精神科医の岡田尊司は発達障がいと診断された子の中にも、愛着障がいが原因あるいは愛着障がいと併存していることがある（２０１１）という。私の経験でも、環境的に安定した愛着形成が難しいだろうとの判断に至る事例が増えている。

それは、教えてもらう機会のないまま、育児に戸惑う親たちが義務的、合理的な育児、スマホ育児になっている現代の状況とかね合っている。乳児期に欠かせない共感的な体験の不足が大きく影響していると考えられる。困難にぶつかった時の不安の訴え方や回避の方法を、愛着対象の大人から学んでいく。乳児期の愛着形成が弱い状態で、はいはいや歩行が可能になると、大人とのつながりが不十分なまま勝手に動き回る。いわば、電波の受信がうまくいかず、安全な場所を察知できないまま、右往左往飛び回っている飛行機のようなものだ。感情のコントロールの仕方を学べずに学童になれば、その行動はさらにエスカレートする。それらが、学童クラブの先生方が対応に苦慮するところとなっている。少しのことで沸点に達したかのようにキレる子、普段はあまり感情を出さないが突然感情を爆発させる子ども達である。普段我慢している分、その出し方は激しい。周囲はその激しさに驚いたり、いつ爆発するのかわからず腫れ物に触るような接し方になったりする。このような激しい出し方まで至らなくても、先生の指示が通らない、座席には座っているけれど心ここに在らずでボーっとしている、学童では困る行動をするが、家庭と学校ではいい子で保護者と先生の言い分がすれ違うなどの話を耳にする。また、本音を出せる学童の場があることが救いではあるが、大人はその対応には相当のエネルギーを要する。

子どもは感情を受容され、感情の出し方やコントロールの仕方を学ぶ。育つ時に学べないと、キレる、人の中に入ることへ尻込みをする、相手を攻めて自分を守ろうとするなどの行動につながっていると考えられる。不登校、引きこもり等の子ども達が表現する様々な行動は、社会で人とつながりを持てればー自分の居場所があると感じられればーかなり解消あるいは軽減していく。もっと、『人の感情を育てる・表現する・コントロールをする』学びに焦点をあてていくべきではないだろうか？

二人の人間が出会えば、意見や感じ方の違いは必ずある。日常生じるすれ違いで、人は学ぶ機会を得る。これまでは、人と人との交流が頻繁にあり、またそのすれ違いに対して多様なかかわり方をみて子どもは育った。なぜなら、大家族や地域の中で人と人との交流が密にある社会構造だった（36頁）からである。

●発達の変化

ある幼児集団の3歳児クラス、27人の子ども達が集団生活を開始してほぼ1か月が経った5月のお弁当の時間である。園で配られたスプーンを6割にあたる17人が握り持ちしていた。1歳2歳の時に毎日毎食自分でスプーンやはしを使用して食べていれば、このような事にはならないだろう。当然のことながら、この子ども達は砂遊びやお絵かきなど手を使う遊びが幼い。家庭では着脱やお風呂で体を洗うことも親たちにやってもらっているのだろうか？問題なのは、ちょっとやってできないとすぐに「やって」と先生を頼り、〝意欲〟も低いことである。先生が励ましても「できない」と自分でやろうとする意欲が低いのである。頑張れない自分を嫌だとも思わないし、楽な方を選びたい。自分で頑張ることや達成する面白さの経験がなければ、意欲は持てない。手先の運動の幼さが、心の育ちにも関連しているのだ。少しだけやって飽きるのだから、子どもが興味を持つものばかりを次々と提示するiPadなら、子どもは長い時間いじっている。しかし、それは本来の集中力ではない。次々と画面が変化するから見ているだけである。iPadで育った子が大きくなれば、すぐに結果が得られ好きな時にリセットできるゲームを大好きになるのは火を見るより明らかである。

人は本来、試行錯誤をし体験をしながら成長する。そのプロセスで身体の動かし方や忍耐と工夫する力が鍛えられた。どのようなプロセスを経験するかで、育ちが変わる。前述の3歳児のように、スプーンを使うプロセスが不十分なために、栄養を摂る（＝結果を得る）事はできても、微細な運動の発達が不十分になった。便利な社会になり、結果だけを子どもが享受すると、さまざまな発達が阻害されてしまわないだろうか。

❸ 0歳児の育ちの変化

● 生後3か月までの体験の違いが観える

生後3か月頃になると、乳児の人とのつながりの持ち方に個人差が明らかに観られる。この頃乳児が注目しやすい遊びをすると、しっかりと目が合い相手の動作を見つめ声を聞き、精一杯の模倣をする。そして時には声を出し四肢で嬉しさを表現する。生まれてから3か月間の経験によって、視線の合い方やその時間の長さ、模倣の様子等応答性が異なってくる。

生後3か月のAちゃんは表情が少なく目が合いにくい。自分から人の視線を求めてこない。視線が合っても一瞬でそれてしまう。また、模倣もなかなか見られなかった。視線の合ったタイミングを捉え、乳児が認知できるゆっくりした手遊びを見せると、視線が合う時間が長くなる。繰り返しゆったりと遊んでいると、Aちゃんの表情が和らぎ、最初は1～2秒長くなる程度の少しの変化であるが、視線が合わせやすくなってきた。親にAちゃんと視線が合った時のタイミングを捉え、ゆっくりした遊び方を伝えると、親は「今まで、目を合わせて遊んだ事がない。今日が初めてだ」と言う。以前は発声をしていたが、最近は声を出さなくなったと淡々とした表情でいう。親の視線は、子どもでなく大人の方に向けられていることが多かった。

普段からこの親子を知っている職員の話では、上の子の時にも子育て広場に遊びにきていたが親子でかかわる姿はなかったという。親の関心は子どもに向いていず、子どもとの応答的なやり取りは非常に少ないことが推測された。心地よいかかわり方をした時にAちゃんは視線を求められるので、生まれつきの問題があるとは思えない。この事例では、生まれてから3か月間に人との情動的一体感のもてる間主観的な体験が少ないと考えられる。

後に詳しく述べるように、乳児は生まれた時から人に注目し模倣する力、人の注目をひく力を持っている。その能力を誕生直後から使うことによって、人への注視や応答性の発達は促される。使わなければ、前述の乳児のように本来持っている力が磨かれないのは当然である。視線を合わせ心地よい声のかけあいをしている親子では、両者の応答は増え、子どもの発達は促される。人を肯定的な存在として感知し、それが安定した愛着形成につながっていくと考えられる。しかし、親がスマホやDVDを見て乳児と視線を合わせないと、コミュニケーションは成立しない。と同時に、人は応答しないものだとの体験を積む事になり、その結果、愛着形成が不十分になる。

●親に寄って行かない生後7か月のBちゃん

生後7か月のBちゃんは、保育園に行っている兄がいる。親は2回目の子育てで、授乳もおむつ替えも手慣れたものでとても手際がよい。Bちゃんは拙いハイハイで移動するが、親の方に行くことは少ない。親は「この子はマイペースで、一人遊びが好きなんです。」と言う。遊ぼうとすると、視線が一瞬しか合わず好き勝手にあちこちに行く。支援者は、Bちゃんが興味を持つことを探した。両脇を支え両足飛びのように体を上下させながら、「ぴょーん、ぴょん」とBちゃんの動きに合わせゆっくりと歌いかけをした。繰り返し、足の屈伸に合わせて歌いかけると目が合い、気持ちを共有し通い合わせることができた。動くのが好きなBちゃんが、好きなことを自分のペースで人と楽しめた瞬間だった。Bちゃんから視線を求め、にこにこ顔で楽しんでいる表情である。

親がBちゃんと遊ぶ時はどうだろう。Bちゃんの興味や視線が親に向いているかはお構いなしに、親のペースで話しかけBちゃんの手足を動かし、親が止めたくなったらやめていた。そこでは親が子の情動に合わせるに情動調律が起きていない。互いの思いは交わることなくすれ違いであった。

変化が起きたのはその後だった。Bちゃんはハイハイで支援者の方に近づいてきた。「ねー、遊んで」というように腕を広げて要求を出したのである。

この7か月児にとって、視線を合わせ感情を共有する間主観的な体験ができた遊びは嬉しかったし満足感があったと考えられる。これ程、乳児は自分としっとりとタイミングのあう間主観的な体験を求める力がある。また、誰とその体験ができるかを判断する力を持っているという事だ。Bちゃんは寝返りやハイハイができたから、遊び相手を自分から選んで近づけた。まだ動けない乳児なら、視線で訴えるしか方法はない。「この子はマイペースで一人遊びが好きな子」との言葉には、むしろ独自性として捉え心配はしていない。親がかかわらなくてすみ家事ができて楽と思っている。子どもの安全は見ても、子どもの気持ちに沿うことは少なく、間主観的な体験は難しくなる。そして、歩き始め行動範囲が広がると、自己主張の強い言う事をきかない手こずる子どもと言われる。子どもへの投げかけは、注意や叱る言葉が多くなりがちである。生後7か月でも生じるこのような親子のちぐはぐさは、このままいくと益々大きくなると予測される。親子のすれ違いのやり取りを出来るだけ小さいうちに修正し、安定した愛着形成につなげていきたい。

●運動発達の遅れがみられるCちゃん

生後7か月でうつ伏せにするとすぐ泣き、寝返りもハイハイの姿勢もしないCちゃんである。揺れるバウンサーに乗せていると泣かずにご機嫌なので、バウンサーに入れて育ててきたという。子どもの泣きに心を乱されるのが親だ。だから、泣いた時には一刻も早く泣きやんでほしいと願う。バウンサーで親は子どもに配慮のある心地よい環境を提供したと思っていた。気づいたら成長が遅れており、障がいがあるのではないかと心配し始めたのである。

うつ伏せにすると泣くからと、仰向けの姿勢で育てられている5か月6か月児は結構いる。それらの子は、腕で体を支える腹這いの姿勢をいやがり、腹筋・背筋が鍛えられていない。その結果として、月齢にみあった運動発達が達成されないのだ。運動発達だけだろうか？　寝返りができれば、移動して自分の世界を自分で広げることができる。腹這いができれば、床に転がっているものが目に飛び込み、さわろうとする意欲が育つ。取ろうとしても取れない苛立ちも感じるだろう。それで、身体を繰り返し動かし筋力がついて来ると、次の発達につながる。うつ伏せを嫌がる6か月のDちゃんは下におろすと火がついたように泣く、親は仕方なく抱いていた。親は自分の時間が全く持てないことにイライラしていた。この状態が続けば、子育てがどんどん辛くなってしまうのは目に見えている。

生後2か月頃から短時間うつ伏せをし、首を持ち上げる練習の繰り返しで、徐々に首がすわりうつ伏せが楽しめるようになる。このプロセス失くして、体も心も成長しない。成長は生まれた時から始まっているのだ。親たちが悪いのではない。乳児の状態をみて必要なことを細やかに伝えてくれる人がいず、親は親力を磨くチャンスがないのだ。

❹ 子育て広場での0歳の親子講座

子育て広場や児童館では0歳児親子の利用が増えている。それに伴い乳児向けの講座(以下〝赤ちゃんタイム〟と表記)をしている施設は多い。30分程度で、歌、手遊び、読み聞かせ、工作等を提供する。内容は幼児クラスでもする歌や手遊び、歌いながら大人のペースで乳児をスキンシップする、あるいは、乳児の手足を大人が動かす等である。ほとんどが〝親が楽しむ〟場になっている。乳児と親との相互作用を意識して提供している赤ちゃんタイムは非常に少ない。

次は「人育ち唄」の出前講座を実施した某児童館のことである。生後4か月から7か月児とその親、10組が参加していた。生後5か月以上で寝返りを打たない子が3人、生後5か月、6か月、7か月児である。全体的に子どもの筋力がついていない、視線がしっかりと合わないとの印象を私たち担当者二人は持った。特に寝返りを打たない6か月7か月児は、体がやわらかく寝かされたままで体を自分から動かそうとしなかった。筋力がついていないように思われた。その広場は、より良いサービスを受けたいとの親が多いので、それに応えているとスタッフの説明であった。普段の広場での活動はリズム遊びやバランスボールを使うエアロビクスなど多様なプログラムを取り入れているという。親たちは別講座ですでに顔見知りになっており、和気あいあいとした雰囲気がある。親たちの孤立は予防されているが、『子どもの育ちに親がかかわる』視点はなく、親たちを喜ばせるためのサービス提供を熱心にやっている。エアロビクスの時には、子どもは横に置き親が体を動かすとのこと、親はリフレッシュできるだろう。そもそも子育て広場は親を喜ばせる場なのだろうか？　親の孤立予防も元気なことも大事である。それらは『親が子どもに向き合いその育ちを支える』ための前段にすぎない。最終的な目標の「子どもの育ち」が忘れられていないだろうか。親たちの明るい表情と子どもの遅れている発達のギャップに、子育て支援再考の必要性を強く感じた。

また、「赤ちゃんタイム」の利用者である親の次のエピソードは支援者に何を求めているかを明らかに示している。

二人目の育児で子育てには慣れているから、次に何をするか、おむつをどう替えればよいかなどはわかる。でも、家に赤ちゃんと二人だけで居るとつまらない、早く赤ちゃんが寝ないかとばかり考えてしまう。子育て広場に行った時には、友達と話し体を動かしたりして気がまぎれる。一日が終わり、翌日になるとまた満たされず、出かけたくなる。

子育て広場で、赤ちゃんとのかかわり方を教えてもらったことはない。赤ちゃんが声を出したり、こちらを見たりすることの意味や私の真似ができる等は知らなかった。赤ちゃんの発声に私が返事をすると赤ちゃんがまたそれに応えることを知ってから、育児が楽にできる、家に居ても楽しい。赤ちゃんに声かけしたり簡単なやり取り遊びをして、家でも過ごせる。家事をやりながらでも出来るし、子どもの様子を良く見るようになった。

赤ちゃんとのかかわり方を知ると、親の子どもへの向き合い方が変化する。育児の大変さは変わらないが、捉え方が変化するからだ。

人間としての心は人とのかかわりの中でしか育たない。特に心の土台を育む乳幼児期には人が適切にかかわらなければならない。現代のように、核家族でかかわる人が圧倒的に少ない現状を考えると、親に、乳児とのかかわりや情の交流・体の動かし方を伝える最善の場が子育て広場だろう。

これまで見てきたエピソードは、最近、私が出会った乳児と親、そして支援の現実である。子どもが心地よいと思って使用していたバウンサーで体の発達が遅れる、世話はするけれど、間主観的なかかわり方を知らないで育児し、子どもの愛着形成が不十分になる、子育て支援は親サービスと勘違いして努力をしている支援者など、それによって子どもに深刻な影響が出ている現代の子育てに社会は真剣に向き合わなければならない。

❷ 愛着形成の重要性

❶ 「愛着パターン」から「愛着スタイル」へ

❶で見たように、人とのかかわり方が全般的に幼い子どもが増えている。不適切なかかわり方を身につけると悪循環に入りやすい。人とのかかわり方のスタートが愛着である。乳児期に形成される特定の養育者との間の愛着が、繰り返すうちにその子の固有の「愛着パターン」となる。行動を観て「○さんらしいね」と人が思うその人らしさになっていくのである。成人になるとその人の「愛着スタイル」として固定していく。

親子での質の良いかかわり合いを重ねることで安定した愛着が形成される。それは、誕生直後からはじまる。授乳やおむつ替え等の世話も愛着形成には欠かせない。しかし、これらの生理的に心地よくなる時に、乳児とのやりとりができているだろうか。いわゆる世話の時だけでなく乳児の受け取れるレベルの内容をタイミングをあわせゆっくりとしたやり取りを重ねると、人に注目する力が磨かれる。人が自分を侵害しないし否定しない、不安を軽減する存在と認識されれば、乳児は人を好きになる。乳児の生まれ持った人に注目する能力を自発的に使えるかかわりを心がけ、乳児との共同作業をすることで、安定した愛着は形成される。

愛着に関するアインスワースの有名な乳児研究がある。12か月から13か月の時点ですでに愛着のパターンが形成されることが、他の研究結果でも追試されている。親が子どもから離れた時と、その後親と再会した時の反応が4つのパターン（表1）になる。見しらぬ部屋で親と別れる時に泣き後追いで不安を示し、再会した時に親を求め抱かれて安心するのが安定型の乳児である。親が安全基地となり、子の不安が軽減される。回避型は、親がいなくなると知りながら遊び続け

表1　子どもの愛着パターン

種類	ストレンジ・シチュエーションでの行動特徴	養育者の日常のかかわり方
回避型	Pとの分離時に，泣いたり混乱を示す事がほとんどない。再会時に，目をそらす等，Pを避けようとする。子から抱きつくことはなく，抱くのをやめても抵抗をしない。	全般的に拒否的傾向。微笑む事や身体接触が他のタイプと比較すると少ない。Pの子に対する感受性や応答性が乏しい。子の行動を強く統制しようとする働きかけが多くみられる。
安定型	Pとの分離時に，多少の泣きや混乱を示す。再会時には，積極的にPとの身体接触を求め，容易に落ち着く。Pを安全基地として，積極的な探索行動が可能。	子の欲求や状態の変化などに相対的に敏感であり，子に対して過剰なあるいは無理な働きかけが少ない。子との相互交渉は，全般的に調和的かつ円滑であり，遊びや身体接触を楽しんでいる。
アンビバレント型	Pとの分離時に非常に強い不安や混乱を示す。再会時に，Pに近づきつつ怒りを示すなど両価的な側面がある。不安定で用心深い傾向。Pを安全基地とし，安心な探索行動が少ない。	子が向けてくる愛着のシグナルへの敏感さが相対的に低く，子の行動や感情状態の適切な調整がやや不得手。子とポジティブな相互交渉は少なくないが，Pの気分等に合わせたものが相対的に多い。子の同じ行動への反応の一貫性を欠く，応答のタイミングが微妙にずれる等が起きる。
無秩序・無方向型	近接と回避という両立しない行動が同時的にみられる。不自然でぎこちない動き，タイミングのずれた場違いな行動や表情，突然すくむ，うつろな表情で固まるなどがある。何をしたいのか読み取りづらい。時折，Pへの怯えのような素振りをみせ，初対面者などに，より自然で親しげな態度をとる。	精神的に不安定な所があり，突発的に表情や声あるいは言動一般に変調を来たし，パニックに陥るようなことがある。子どもをひどく怯えさせるような行動を示す事が相対的に多い。被虐待児や抑うつ等の感情障害のPの子どもに多い。

P：養育者の略　遠藤利彦「各アタッチメントタイプの行動特徴と養育者のかかわり方」の一部

何事もないかのようにふるまう。親との安定した愛着形成がされていないと不安の解消を複雑な行動で示す。アンビバレント型は、スムースに甘えられない。母親を求めるのに怒りを出すという両価的な行動をとる。用心深く、安心した探索活動をしにくい。親は子どもによい子であることを求める傾向が強く、親の期待通りであれば認められる「条件付き受容体験」を子どもは重ねる。最後は、無秩序・無方向型で被虐待児や抑うつなどの感情障害の親を持つ子どもに多く認められるタイプである。親の行動に予測がつかないと子どもは怯え、再会時、親に顔をそむけながら近づく、不自然でぎこちない行動や突然すくむなどを示す。

安定型愛着の子どもは、愛着対象の人に頼り、社会生活に必要なすべを身に着けていき、そして、人に認められる経験を積む事ができる。他方、不安定型等の子どもは、人と繋がりたい気持ちの表現が不適切であるために、注意・叱責という否定体験を積む事になり、益々、人と安定したつながり方を学ぶことができない。幼児・学童と年を重ね知恵がつくほど、子どもは言葉や行動で相手を攻撃したり、傷つけるつもりではないのに傷つける行為をする。言葉を話すようになると、大人も言語に頼る。子どもの不適切な行為の修正に目を奪われ、子どもの不安等への共感を忘れがちになる。その結果、適切な感情表現を学ぶ機会とはならず、不適切な方法で人と向き合いその子固有の愛着パターンとして固定化していくのである。

成人になるにつれ益々固定化し、愛着スタイルとなる。安定型愛着スタイルの人は、適度な自立と依存ができる、極端な考え方をせず、ストレスに対しマイナス面だけではなく、客観的に事態を理解し、肯定的なものごとの捉え方ができる。その結果として、周囲から認められ、達成感や自己肯定感が高められていく。不安定型愛着スタイルの場合は、不安を抱えることが苦手である。少しの不安で大きく揺れ、白か黒しかない二極思考や推測で不安を拡大する傾向がある。「この社会は最悪だ」と極端な言葉で決めつける。逆に、相手と繋がりたい時の言葉も極端である。「初めて私は本当の同志を得た」等、聞いた方は思わず嬉しくなる発言をする。親しくなり意見の違いを感じた途端、真逆の発言になる。〝意見の違い〟と受け取れず、自分を嫌いだからだとか侮辱されたなど否定的な捉え方をし、時にはそれを攻撃として表すこともある。信頼関係ができたからこそ忌憚のない討論で高め合いたいと安定型の人は考えるが、それが通じないのである。大きな怒りに驚き、長く付き合うことが困難になる。人と繋がりたい欲求があるにもかかわらず、反対の結果を導く行動をしてしまう。回避型愛着スタイルの人は、

表２　大人の愛着スタイル（岡田尊司「愛着障害」を参考に作成）

種類	特　　性	対　人　関　係
安定型	愛着対象を信頼し，その人からの愛情にも確信を持つ。根本的な人への肯定感や安心感がある。	気軽に人を頼り・頼られる関係を築く。お互いを高める議論が可能。前向きな生き方になる。
回避型	何に対してもどこか醒めており，情動的な感情を抑えるのが得意。クール・ドライな印象。傷つくことを避ける傾向がある。	人に依存もしなければ，依存されることもなく，人と距離をおこうとする。気持ちの共有は少なく，仲間と一緒にいることをネガティヴに捉えがちである。葛藤が苦手，避けたり，時には攻撃的な言動にでる。
不安型	相手の表情に敏感だが，しばしば誤解する。認めてもらいたい感情が非常に強く，拒絶や見捨てられることに極めて敏感。不安を強く感じ，その不安にとらわれがちである。	人に受け入れられるかが最大の関心事で，相手の少しの否定的な素振りでも，激しい不安を感じてとらわれ過剰反応をしやすい。何度も相手に確認したり，拒否を恐れ相手に応じ過ぎやすい傾向をもつ。
恐れ・回避型	対人関係を避け引きこもろうとする面と人の反応に敏感で見捨てられ不安が強い両面を持つ。被害的認知に陥りやすい。傷つきやすや不安定さをもつ。	人間嫌いなのに，人と関わり親しくなって相手を求めたい気持ちがある。相手の些細な行動も，自分をないがしろにされているように受け取り，信じられなくなる。うまく甘えることが苦手である。

人との交流を避ける傾向がある。歯の浮くような発言もしないが、近寄りがたい壁がある。親しくなれそうと思うと急に去ってしまう。周りに適度に甘えることが上手にできない、傷つきを恐れ人との交流を避けてしまい、一人で抱え込みがちである。

❷ 愛着形成の重要性

最初の一年程で身に着けた愛着の質が次の段階での人とのつながり方、ひいては学習に影響する。子ども達は、人の表情を受け取る、人に依存すること、判断基準や知識の学習、感情の表し方・おさめ方等生きていく時に必要なことを身に着けていかねばならない。それらを取り入れる時の『窓の大きさ』が愛着の質に規定されると考えられる。安定型愛着の乳児はものごとを取り入れる大きな窓が社会や人に向かって開かれ、不安定型等の愛着では小さな窓になる。大きな窓の方が外の新鮮な空気を十分に取り入れられる。

安定型愛着の子どもは、歩き始めた時に人と繋がりながら行動をする。自由に動いても時々大人の動きを確認しながら、探索行動をする。大人の愛情に守られ安全・安心な環境の元で学ぶことができる。困った時や危機に直面した時には、大人に頼り、困難を乗り越える。乗り越え方を学びつつ、耐性や感情のコントロールの仕方を身に着けていく。

愛情が不十分で外気を取り入れる窓が小さい子どもは、知識だけでなく感情の言葉や出し方、コントロールの方法等々、すべての学びが少なくなる。大人が適切なことを示しても人への信頼が低いために、スムースに取り入れない。そして、不安が軽減されないという悪循環がおきる。

不適切な行動を示す子どもの愛着パターンが固定化する前に、できるだけ早期に適切な介入が必要となる。子どもの根底にある気持ちを受け取り、信頼関係を築き適切な行動の習得を根気よく援助をする大人の存在は不可欠である。

乳児期の影響が学童期の行動に影響するだけではない。家族に不適切なかかわりをする親の育った時をたどると、親もその親との間に安定した愛着形成不全と考えられる例が多くみられる。育つ時に得た感情の動き方や行動のしかたは、大人になっても出る。他の方法を知らないので、自分のやり方でしか人やものごとに向き合えないのは当然と言えば当然である。この世代間伝達をどこかで軌道修正していかなければ、益々不安の高い人が多くなっていくと予測される。

精神科医・岡田尊司は次のように述べている。「遺伝的な気質とともに、パーソナリティの土台となる部分を作り、その人の生き方を気づかないところで支配しているのが、愛着スタイルである。愛着スタイルは恒常性をもち、特に幼い頃身につけたものは、7~8割の人で生涯にわたり持続する」（2011）。愛着スタイルは先天的な要因は少なく後天的要因が大きいのであるから、かかわり方を変えていけば愛着スタイルの変化が期待できるともいえる。固定化した愛着の修正には本人の相当の努力と周りの理解、そして継続的な援助が必要である。できることなら、そのようなことがなく、他者と安定したかかわりと愛情が注ぎあえるパーソナリティに育ってほしいと思う。不安や怖れ・驚き等の経験をした時に、安心して受けとめてもらえる大人、安心して頼れる親が子どもには必要である。安全・安心に受容されることで、負の感情は軽減し、同時に不安を乗り越える耐性もつき、大きなストレスも自分で越えられるようになっていく。このような自分が守られている経験を重ねることで、愛着対象が実在しなくても自分を支える安全基地が心の中に根づく。第二次大戦中、ナチスドイツの迫害にあったV.E.フランクルはアウシュビッツ収容所に送られた中の、数少ない生還者の一人であるが、その著書の中で、どのように過ごしていたかを書いている（V.E.フランクル、１９６１）。極寒の地、食料もろくに与えられない残酷な環境で、彼は常に心の中で母親や妻に語りかけていたという。生理的な寒さや飢え、恐怖に注目せず、絆のある人々と心で共に生きていたのである。心の中の人との繋がりは、生き方や命の長さにも影響を及ぼす。

最初の少しの親子のずれは、どこかで修正しない限り大きくなるばかりである。そのずれは悪循環を起こしやすく、問題が起きてからの対応には、多大なエネルギーを本人も周囲も注がなければならないのは述べてきた通りである。愛着が形成される時—子どもが誕生した直後からの愛着形成に社会はもっと注目と支援が必要ではないだろうか。

❸　0歳期のすばらしい能力

乳児が、図柄より顔に注目するとのファンツの研究（Fants, １９６３）は目測で行われた。20世紀後半からの機器類の開発に伴い、胎児や0歳期の乳児の能力が格段に科学的に解明されてきている。医療分野では自閉症スペクトラム症候群（ASD）や脳性まひなどの研究から乳児の運動の違い等も少しずつ解明が進んでいる。３Ｄ／４Ｄ超音波診断技術で胎児の表情もかなりわかるほど鮮明な画像の撮影ができる。脳科学や発達心理学の乳児研究では、神経細胞集団の電位的変化を計測する脳波計、神経細胞の活動後、血液中ヘモグロビンの増加を計測する近赤外分光法、陽電子放出断層撮影などで、脳の活動を客観的に測ることが可能になったからである。測定機器も小さく軽量になり、乳児の頭に帽子のように簡単にかぶせ測定も分析も容易になった。それらの研究からは、0歳児が相当の能力を持ち、環境を刻々感じ受取りながら、認知し環境に適応する力を磨いていることがわかる。胎児や乳児の驚異の力とどのようにかかわるかは我々子どもにかかわるもの達の知恵であろう。

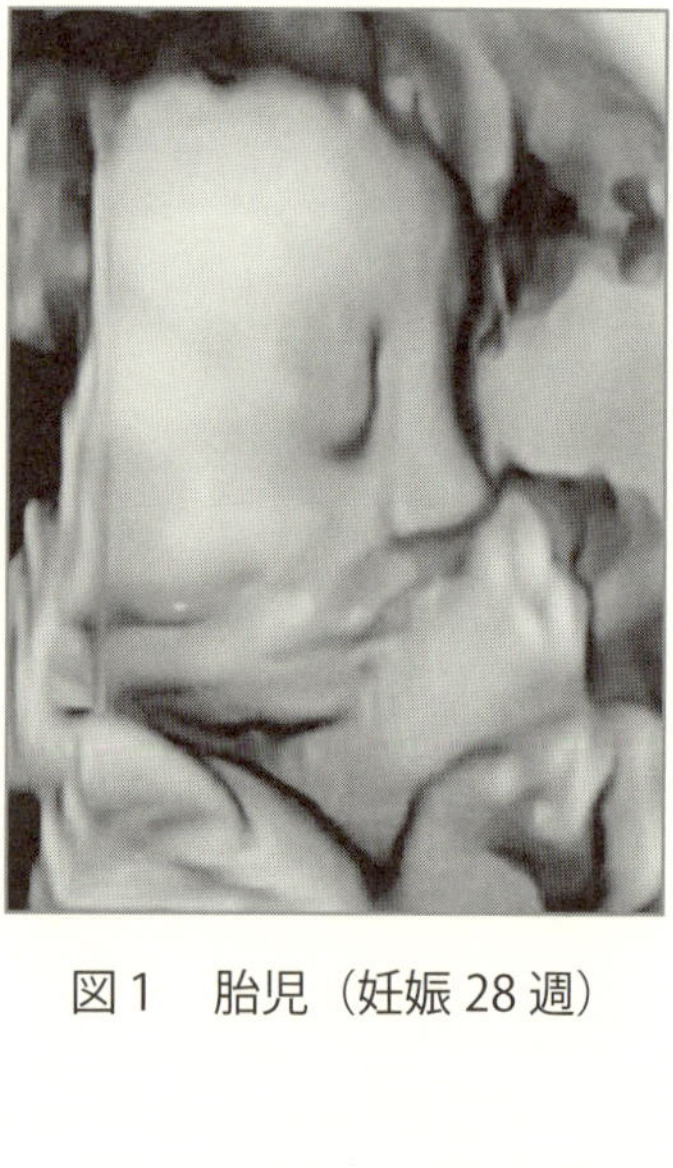

図1　胎児（妊娠28週）

❶ 胎児期

受精後、胎児は体の成長だけでなく、子宮内環境に適応しつつ、様々な発達をしている。超音波診断法が用いられ、胎児の各運動の出現週数（図2）がわかってきた。やっと人らしい体形になり、母体は妊娠したかどうかと思う頃に全身運動や驚愕様運動、しゃっくりなども観察されている。諸隈誠一の胎児の運動に関するレポートでは、妊娠10週頃から上肢・下肢の単独運動やのびをしているかのような伸展運動もみられ、妊娠12週過ぎ頃には手指の伸展を見せることもあるという。その頃に、手を顔の前に持っていく運動がみられ、口の周囲や手指・足裏に触覚が出現する。胎児は妊娠15週までに様々な運動を行い、20週を過ぎると、徐々に動きの多い時間帯が出現し、周期性をもつようになる。眼球運動と体の動きの出現の周期が同期し（妊娠28～30週）、眼球運動が認められない時間帯には胎動もあまり見られなくなる。眼球運動と胎動が見られる時間帯は、睡眠中だが脳は活動しレム睡眠の原型と考えられている。

驚くことに、胎児のほほえみ、しかめっ面、泣き顔等、様々な表情が20週前後で観察できる（秦利之、２０１６）という。〝覚醒と睡眠〟のリズムに関係するあくびは20週から34週の週数が進むにつれ頻度が増える傾向がみられる。新生児模倣で知られている舌の突き出し、胎児のまばたきやほほえみ、しかめっ面も同時期に頻度が増加していく。

つわりがピークを越えた妊娠19週～27週頃から、母体の腹壁や羊水越しに外界の音を知覚している。新生児の言語への反応（31頁新生児を参照のこと）から、音声そのものに対する感受性が妊娠中期から

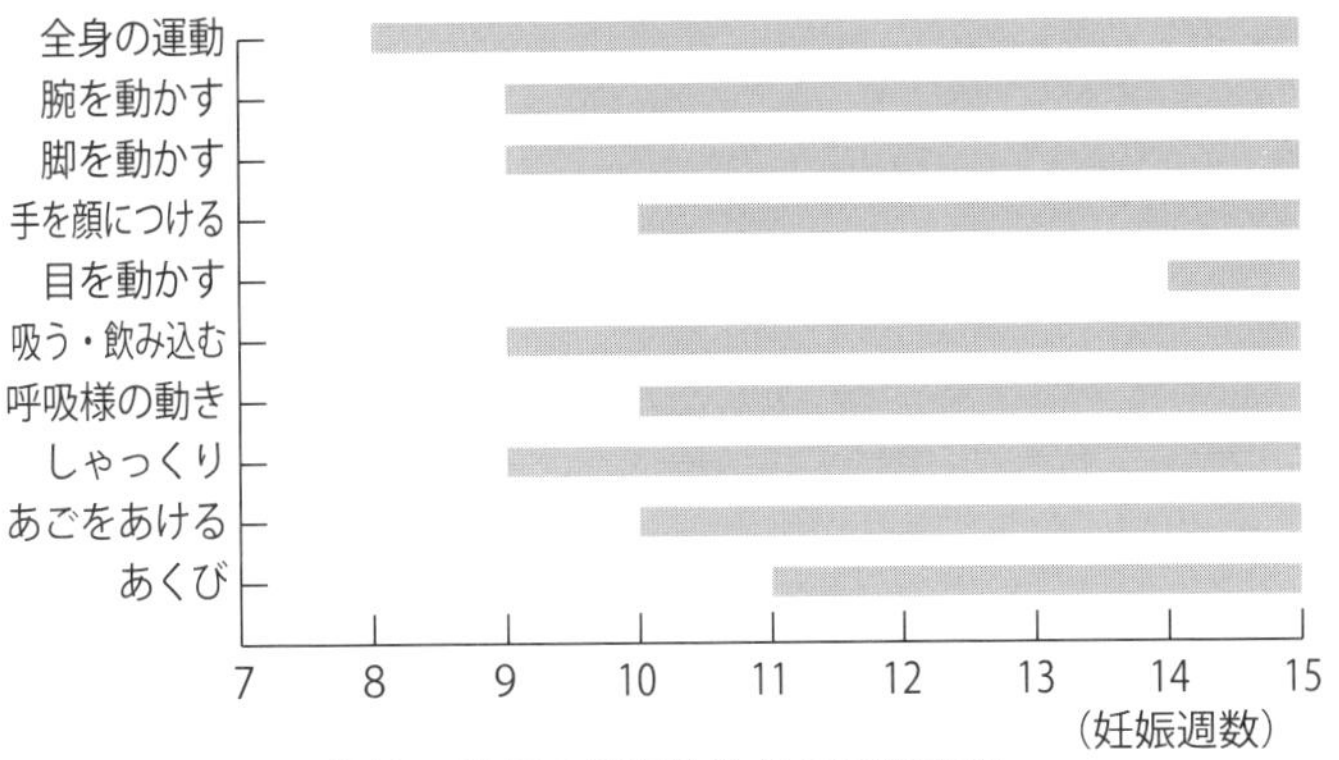

図２　胎児の特異的動きの開始時期
（J.I.P.de Vries,B.F.Fong と諸隈誠一を改変）

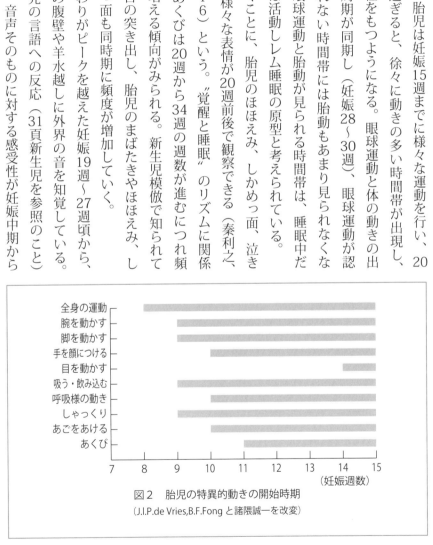

あり、音声学習は胎児期からしていると推測される。これらの胎児の発達を見ると、母体内ですでに誕生後の世界に適応する時に必要な力を準備していると考えられる。

❷ 0歳期の発達の特徴

● シナプスの過形成と刈り込み

脳では、まず膨大な数の神経細胞が多めに作られる。過形成された神経細胞の数は「自然な細胞死」により調節される。神経細胞と神経細胞の間はさらに膨大な数のシナプスと呼ばれる「つなぎ目」で特異的に結合され、粗い神経ネットワーク（脳の原型）が形成される。これらのシナプスもあらかじめ過剰に形成され、必要なものだけを残し他は使われなくなる「刈り込み」がされる（小西行郎、２０１３）。第一段階の神経細胞死は胎内で起き、遺伝によって決まっている。これに対し、第二段階のシナプスの形成や刈り込みは主に生後に起き（図３）、刺激など環境による影響を強くうける。繰り返しの刺激などにより、多めに

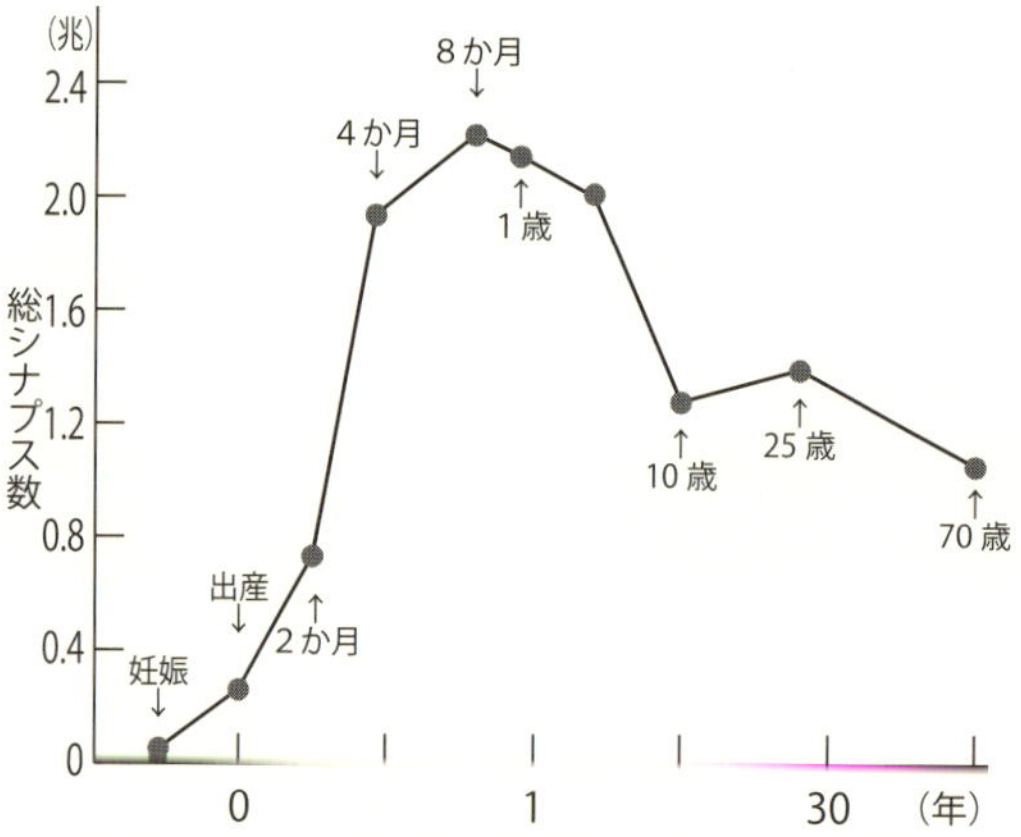

図３　第一次視覚野（17 野）のシナプスの変化
（Huttenlocher，1990）

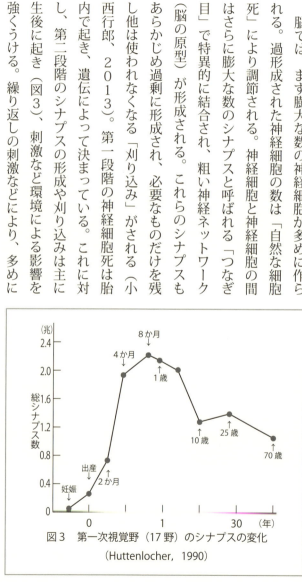

作られたシナプスのうちの一部が選択的に強化され、回路が円滑に動くようになる。

そうなると、シナプスが多量に作られる0歳期の間にたくさんの刺激を与え、どの回路も有効にした方が良い様に考えがちだ。しかし、刺激に対し適切に必要な回路が働き、対応がスムースにできるかが大切である。刺激の多さではなく、乳児が受け取りやすい刺激、回路を的確に使いやすい刺激が必要となる。小西の著書によると、注意欠陥・多動性障害（ＡＤ／ＨＤ）は前頭葉の働きの低下が原因で起こると考えられている。また、シナプスの刈り込みがうまくいかないことにあるのではないかとの研究もあるという。前頭葉は興奮を適度に抑制することが主な働きなので、ＡＤ／ＨＤの子どもの行動を理解しやすい説明に思う。

また、複数の感覚を統合し正確に知覚出来るまでには8～10年位かかる（加藤正晴、２０１３）と考えられる。従って、子どもが育つ最初の10年間は体を動かし感覚を使う体験が重要と思われる。

●睡眠と発達

乳児の睡眠は、昼間は起きて夜長く寝る昼夜の区別のあるパターンに徐々に変化すると同時に、睡眠時間が短くなっていく（表3）。誕生時は約25時間だった生活のサイクルが、24時間サイクルになっていく（三池輝久、２０１３）という。

最近は、睡眠の質の重要性が言われている。それは、睡眠が脳の成長・

表３　睡眠時間の変化（三池輝久　2013　より作成）

月齢	睡眠時間数	特　徴
1～3	約 15～17	昼間，少し起きている時間が増える
4～6	約 14	夜の睡眠が長くなり，昼夜の区別ができる
7～8	約 11～14	夜泣きが始まる子もいる
9～12	約 11～13	一度寝ると，あまり途中で起きないリズムができ始める
1歳過ぎ	約 11～12	レム睡眠とノンレム睡眠の間隔が 40～60 分

発達だけでなく、脳の機能を守る役目もあるからだ。喩えれば、活動中に使われた脳の疲れやほころびのメンテナンスが睡眠中に行われる。メンテナンスがよければ、起きている時の活動の質が高まることになろう。

● 運動と発達

図４は生後１か月から４か月までの乳児の四肢の運動の軌跡である（小西行郎、２００３）。２か月頃に運動の規模が小さくなる。この時期に驚愕様運動、手を口に入れる、頭の回転運動など13種類の他の運動も一時減少がみられるという。そして、その後、再び運動が始まる。小西は「赤ちゃんの身体の中でバラバラに仕上がっていた機能が、脳の指令を受けて、うまく連携し始める非常に重要な時期でもある」と述べている。ＡＳＤの人にとっての問題の大半は、対人関係以前の、知覚・運動レベルにある（綾屋・熊谷、２００８）のであれば、乳児期から適切な運動と知覚体験をいかにするかが、発

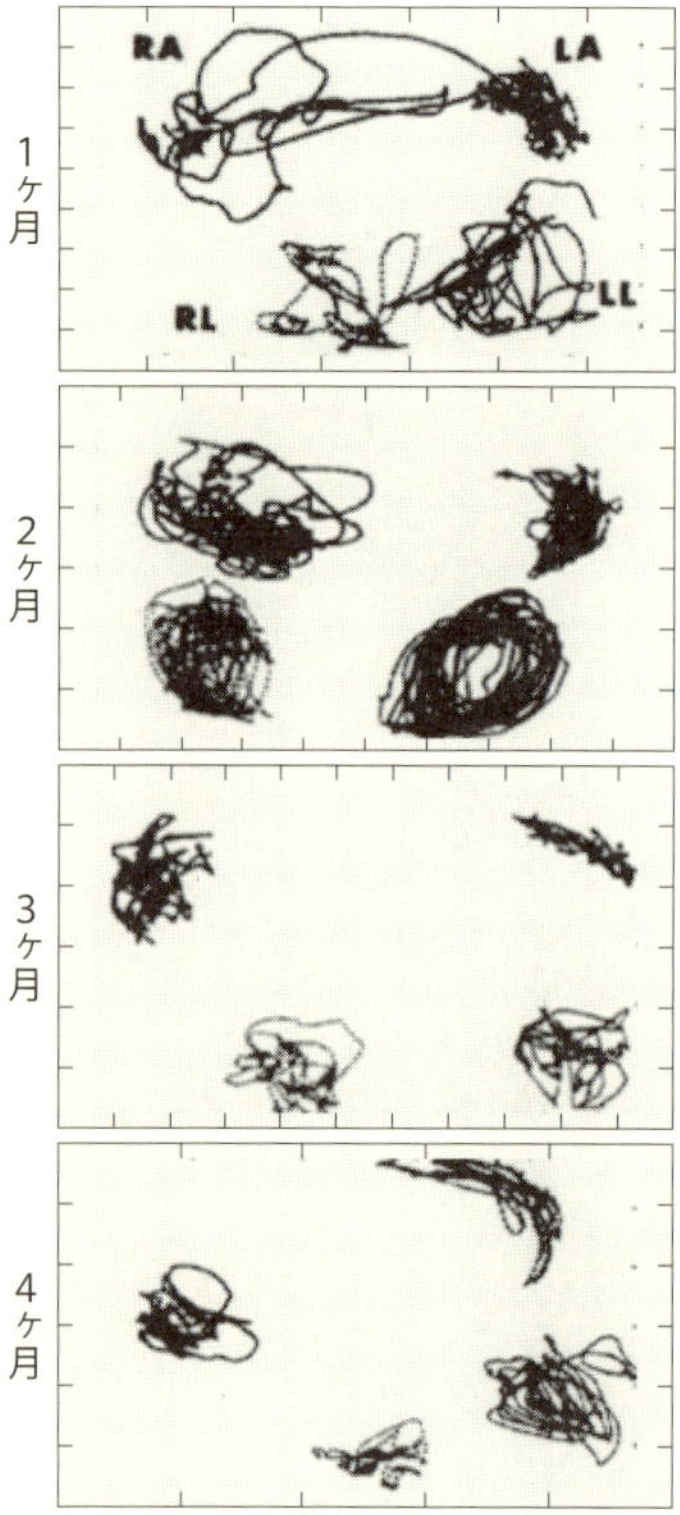

生後１ヶ月から４ヶ月までのＧＭ運動の軌跡。
ＲＡは右手, ＬＡは左手, ＲＬは右足, ＬＬは左足を指す。

図４　１～４ヶ月までの運動の軌跡
（小西行郎，2003）

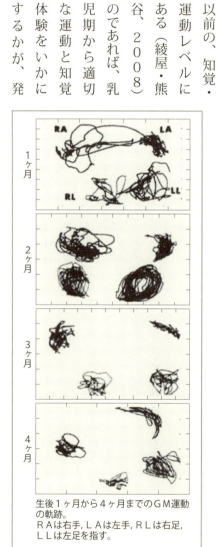

達の一つの鍵とも考えられるだろう。運動が、認知や知覚、対人関係と絡み合って乳幼児の発達につながるからだ。前述のバウンサーに乗せられて育つ（15頁）、かかわられないで育つ（13頁）などは単に運動発達の遅れにとどまらないという事であろう。

❸ 0歳期の発達

● 誕生～1か月

新生児は胎内の体験を基に、外界に適応する学習が『育つ』ことである。

新生児の感覚はかなり働いていることがわかっている。味覚は甘みを好み、苦味は敏感に感じる。授乳時の30㎝位の距離は視線を合わせられる。生後3か月で0・1位の縞視力はあるが、明暗の区別が未熟なので薄いレースのカーテン越しのような見え方なのだろうと推測をしている。聴覚は、母親の声、母語の特徴をききわける位、機能している。新生児は、知らない人の声より、母親の声を選択して聴くだけでなく、母体内で聞きなれた母語や妊娠中に読み聞かせた文章に選択的に注意を向けるという。すなわち、話し手の声の特徴や話す言語及びその特徴を胎内で知覚していると考えられる。腹壁と羊水を通しての音声は、外界で聞くものとは同一ではないが、その特徴を記憶しているようだ。

触覚、嗅覚も働いている。面白いのは、新生児は一つのことを複数の感覚でとらえているという。例えば、いぼいぼのおしゃぶりを目隠しした新生児にしゃぶらせ、その後いぼいぼとつるつるの二種類のおしゃぶりを見せると、自分がしゃぶった方のおしゃぶりを長く見る。口の感覚と視覚で捉えたおしゃぶりの状態とを新生児は一致させている。その後、8〜10年ほどかけて、複数の感覚を統合して理解していくという。

新生児は人の目に注目しやすい。しかも、正面（図5のⓐ）の方が逆さから覗き込む位置（図5のⓑ）より、注視しやすいことがわかっている（小西行郎、2012）。授乳時の新生児の視線からも、注視の力は生得的にある程度備わっていると考えられる。物より人に注目することもわかっており、新生児が生きていく必須条件の人との繋がりを作る能力を持って生まれてくると考えられる。また、簡単な動作の模倣力も持っている。誕生直後に、人の舌出しを模倣する新生児模倣はそのひとつである。

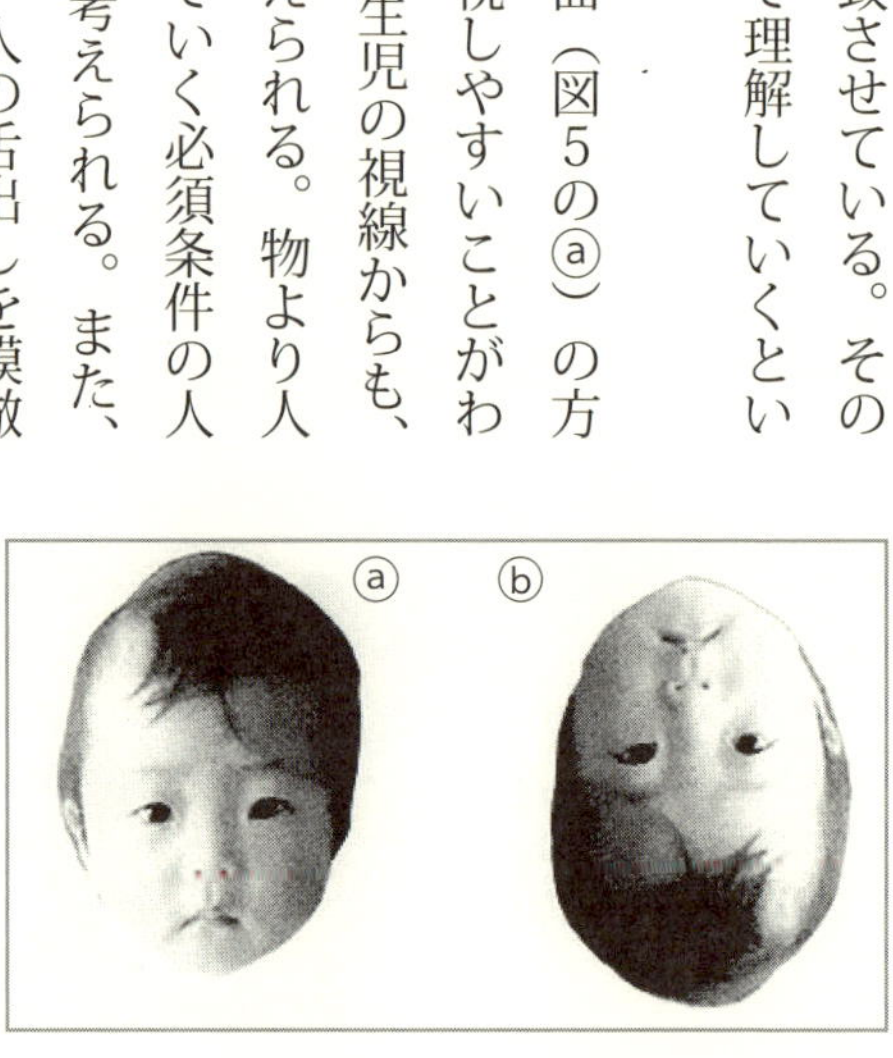

図5　顔の向き

● 生後2か月〜4か月

のどの形態がチンパンジーに近い新生児では、気管の先端部が食道より高い位置にある（正高信男、2003）。したがって、新生児はむせたり気管をつまらせて窒息したりすることはない。生後3か月頃に口の咽頭部周辺の成長によってのどが人の形態に変化する。そして、口呼吸や母音の発声ができるのである。

3か月頃に首がすわり、縦抱きを喜ぶ時期になる。物に興味を示すが、まだ自発的に手を伸ばしてさわることはできない。生後1か月では一部の乳児であったのが、3か月には大半の乳児が色を区別する。色を提示し視覚にかかわる脳活動の有無（視覚誘発電位）で判断すると赤・緑、同じ色でもキラキラする要素が加わったもの、縞模様や水玉模様に、より注目するという。4か月には、対になるものと明るさを比べて判断もできるようになる。従って、色の組み合わせによって、本来の色とは異なって見える錯視も、4か月～8か月頃に起きる。形の認識も月齢ごとに発達する。3～4か月では見慣れた顔より目新しい顔に注目することがわかっている。広場などに行くと、親の顔を見ず他の人ばかり見つめる現象がこれにあたる。この頃は、動きのある状況の方が形の学習が早いと言う。親だけではなく、近所の人や広場のスタッフとのゆったりとした動きのある遊びはこの時期の乳児が好み、育ちが支えられると考えられる。

出していた声を出さなくなった生後3か月児（12頁）は、「発声しても応答は得られない」と誕生後の3か月間で学習したと考えられる。その子は、視線も合わせにくく、人への注視力が弱かったが、環境の影響と判断したのは、乳児のペースに合わせ、ゆったりとしたかかわりだと自分から視線を探す行動が観られたからである。

● 生後5か月

生後5か月頃になると、寝返りをし、うつ伏せの姿勢をしばらく保てる。自分の手や足を口に入れ、確認をする。顔の目・口等の細かい特徴に注目、音声と表情を一致させられるなど、徐々に細かい所まで注目できるようになる。しかし、横顔を顔として認めるのは5か月では難しい。数の違いを2までは認知するとの実験結果もあるほど、認知も発達している。

● 生後6か月～8か月

人見知りが明確になるのが、生後6か月頃である。3～4か月頃には身近な人と似ている顔に注目するが、6か月頃には、細部への認知や記憶も発達する。その結果、身近な人と他者との違いがわかり人見知りとなる。この頃には、見たものを2週間後くらいまでは覚えていられるとの実験結果もある。また、対象の予測も多少可能になってくる。例えば、大人がカーテンの向こうに話しかける場面を乳児に見せた後、カーテンを開く。話しかけていた相手がほうき（物）と人間の異なる2場面を見せると、乳児は前者の方に長く視線を向ける。話しかけた相手が予測に反すると驚いて長く見るのだ。

7～8か月には座位がしっかりする、腹這いで四肢を反り返らせる飛行機の姿勢や四つんばいなど運動発達も目に見える形で進む。この頃から、物はぶつかると動く等の物理的因果関係を認識していく。日本人は日本語にないRとLのような英語の音韻を聞きとるのは難しいが、6～8か月児ではその音韻を聞きとっているという。その後、徐々に聞き取れなくなることによって、逆に母語の聞き取りがうまくなる。シナプスの刈り込みが順調に進むと、母語が習得しやすくなる。

● 生後9か月～10か月

寝返りや座位からハイハイの姿勢に変えられる。また、半数位の乳児はハイハイで移動が可能になる。物をつかみ口に入れたり、落とす・投げる等で物の状態の確認を繰り返しする。「ちょうだい」「ありがとう」などの身振りも見せつつ声掛けをすると、やり取りが可能になるのもこの頃である。

反応が０歳前半よりやや早くなり、かなり明確に乳児が模倣しているとわかる。単純な動作を模倣するだけでなく、短期間であればそれを記憶している。共同注意が可能になり、二項関係から三項関係となる。相手の見たものを見るという視線の追従が可能になる。この頃になると、母語に即した音声知覚様式になり、単語の切り出しもする。相手の話す文から幼児語に独特のリズムパターンの単語を抽出するのだ。例えば、「ブーブーが走っているね」との話しかけられると、音が繰り返される長音を切り出し「ブーブー」に注目する。「チュンチュン」等繰り返す赤ちゃんことばでもこの切り出しはおきるという。また、同じことをビデオで示すより、直接人が関わる条件で学習ができたとの実験もある。人との関係を通して、乳児が成長することを裏付けるものだろう。

● 生後11か月～12か月

乳児は誕生後の一年間で、はいはいや歩行での移動手段を獲得する。さわりたいもの、行きたいところに自分の意志で動き、自分の世界を広げる段階に入る。1歳頃に身振りで他者と交流をしきりにして、表出言語を獲得していく。この頃に初語を話すが、言語発達はかなり個人差がある。理解言語50語、表出言語３語が平均である。乳児は親の表情や態度を読み取り、社会的参照をしながら行動を覚える。親を窓口として行動の基準を習得する段階に入ったと考えられる。社会的参照の相手は、最初は親であるが、徐々にその参照の相手を他の人にも広げていくのである。

このように我々が外目で捉えている以上に、乳児は内的な成長をしている。この物言わぬ乳児期にこそ、適切・適度なかかわりが必要である。乳児が自発的に活動することを邪魔せず、支え、しかも、人への愛着形成に寄与するかかわりである。最初の1年間で人との安全で安心で愛されている体験を重ねることで、人への愛着が形成される。そして、行動基準の取入れの窓口ができ、人を参照しながらその後は成長する。最初の一年間の子育てをもっと乳児の能力にあった取り入れやすい内容ややり方―間主観的な体験になる方法―にすることが求められる。それがその後の発達を支えることにもなると考える。

複数の感覚を統合して使えるまでに8～10年かかるのだから、最初の10年間に子どもが体も心も使い感性を働かせて成長することが非常に大切なのだ。知識を与えることに現代の子育ては傾いていないだろうか？0歳の発達が解明されることで、我々がすべきことが見えてくる。

4 子どもが育つ環境再考 ― 子育て広場の役割

❶ 大家族の営みに学ぶ

子どもが健康に育つために、これからの子育て家族支援へのヒントを日本社会の大家族の在り方から探ってみたい。

● 大家族での生活 ― 戦後間もない1950年代の家族風景

祖父母と叔父・叔母がふたりずつ、父、母、子どもは8歳の姉と私（4歳）、そして0歳の弟の11人家族である。祖父は家庭をオーガナイズし、金銭管理を厳しくしていた。小さな私には理由はわからなかったが、〝こわい存在〟だった。また、祖父は家を使いやすくするさまざまの労働もした。台所のテーブルを作りかまどを使いやすくする、タイルを貼り風呂場を改築、極め付きは屋根にくみ上げた水を太陽光で温めそのお湯を風呂に使えるようにしたのも祖父である。今でいう太陽光発電のように、自然をいかに生活に利用するかを考え、自然と共存していたといえよう。こわくても、家族のために労働を惜しまない祖父には頭が上がらないのが家族だった。

朝、子どもは大人より一時間ほど遅く6時半起床。寒い冬は、炭でこたつの暖を取っていた。子ども達も小さいながら大人と一緒に掃き掃除と廊下の雑巾がけをし、家事の一端を担っていた。こたつで温まっていられるのは、猫だけである。猫はネズミを捕るのにどこの家でも飼っていた。朝食の支度は、母と叔母たちが、仏壇の掃除は祖母がする。男性達は外でまきを割り、風呂焚きなどで使う燃料を準備する。それが終わり、皆揃って食事になる。

外での仕事を持つ叔父や叔母が出勤していくと、祖父母、母と私と弟が家に残る。鶏やヤギを飼っていたので、その餌の草刈りにも行った。大きなしょい籠を背負い鎌を持って土手で草を刈った。朝、鶏小屋で卵を取るのは子ども達、ヤギの乳搾りは大人がした。それらは大切な栄養源であった。洗濯は母や叔母が、夕食は祖母を中心に手の空いている女性人が担当するというように、家庭の仕事を皆で分担した。分担しなければ、家庭が維持できなかった。洗濯も洗濯機ではなく、全て手洗いである。今ほど頻繁に衣類を洗う習慣はなく、汚れたら洗う。それでも11人分の洗濯物の量は半端ではない。しかし、洗濯をしている間、子どもはきょうだいが、時には近所の子どもが世話をしていた。私は母親と一緒に遊んだとの記憶はない。母は常に家事をしていた。子どもも親と遊ぶとの思いはない。学校から戻った姉は弟をおんぶするのを、近所の子と競り合ったという。子ども達も家庭菜園からトマトやきゅうり、ナスの収穫の手伝いをした。それらの野菜をおやつとして頻繁に食していた。母は忙しかったが、日々、子育てから離れる時間があったのである。むしろ子どもとかかわることがしたくてもできなかったのかもしれない。母は弟に授乳する時間が一番ほっとすると言っていたのを覚えている。また、幼児の私は川に洗濯に行く母によくついて行った。洗濯場である川の土手で自然を相手に遊んでいた。母は、祖父母や叔母達との葛藤も苦しさも、衣類を洗いながら川に流していただろう。

お風呂は薪で焚いていた。すぐにぬるくなるお湯は誰かに追い焚きをしてもらわなければ、気持ちよく入ることができない。ここにも助け合いがあり、また、感謝も生まれた。就寝前に祖母の肩をたたき、「あー、気持ちがいい。たたき方が上手だね」と褒めてもらって嬉しく、床についた。大人たちのたまの楽しみは夏縁台（ベンチ）を出して将棋をさしたりスイカを皆で食べる、冬場だと家庭で麻雀をすることであった。忙しい日常に、たまに大人たちがゆっくりと団らんしている姿が印象に残っている。

コラムのように、大家族ではそれぞれが役割を分担していた。家庭全体のオーガナイズは、家庭をまわすための仕事や進め方の把握に加え、生活をスムースに回すためのたくさんの雑用である。一つ一つは小さなことだが、考える力が必要であり、時間とエネルギーを相当割かなければできない。その頃、オーガナイズは祖父が、家事等は祖母が中心となっていた家庭がほとんどであった。乳児を除き、全ての家族に何らかの役割（家事担当）があり、自分の居場所を持っていた。○○さんは洗濯担当のように家事の一部に責任を持ち、他は補助する。毎日する担当の家事は、工夫し要領よく出来るようになっていった。大人たちは、年齢にふさわしい手伝いを見つけ、子どもにも生活の一部を担わせた。子ども達は家族の役に立つ自負心と家事のやり方を学ぶ経験ができた。長い廊下の雑巾がけで足腰も鍛えられたと思う。

子育ては、子育て経験者の祖父母がかかわり、それを見ながら若い親はやり方や声のかけ方、判断の仕方を学んでいった。複数の目があるので、常に自分だけが子をみる緊張感はなかった。いつでも誰かに子どもを託せる人がいることは、親の負担感を相当軽減する。平成6年に試行され全国に広まったファミリーサポート事業で、ファミリー会員の「いざという時に預けられると思うだけで安心です」との言葉からもわかる。

子どもの相手は親ではなく、祖父母やきょうだい、そして近所の子ども達であった。子どもは、年上の子を慕い一緒に遊んだ。年長の子の姿を見よう見まねで、人とのかかわり方、小さい子の面倒の見方を覚えていった。将来なりたい姿を身近に見て憧れながら育っていたのである。周囲には、小さい頃からの自分を知る人がたくさんおり、人との繋がりを感じながら育った。気恥ずかしくうっとうしいと感じる時もあり、また、自分の行動をコントロールするブレーキにもなった。年上の子は、育つ時に小さい子をいたわり育てる事を学ぶことができた。

家業が農業の場合には一家総出で田畑の仕事をし、年寄りは庭先で仕事をしながら子どもの安全を見守った。子ども達はたいして注意をされなかった様に思う。年寄りのゆったりとしたペースが子どもの育ちにはあっているのだろう。時にはクローバーの冠のつくり方や草相撲の遊び方などを教えてくれた。それらの遊びは楽しく、一度覚えれば子ども同士で頻繁に遊び、人と一緒にいることの面白さを培っていたと思う。作業をしながらだから大人は子どもにかかりきりになれない。裏を返せば、子どもは自由に探索行動をすることができ、大人の干渉なしに試行錯誤していたのである。現代ではいけないと止められることも沢山できた。河合隼雄が言うように『子どもは大人の見ていないところで育った』（朝日新聞　2017.5.5）のである。

●　大家族と核家族の違い

かつての大家族の生活をみると、核家族とは生活の仕方がずいぶんと異なっている。表4に示すように、大家族では皆で分担していたすべての役割を核家族では夫婦、時には一人で担わなければならない。現代の親が不安を抱えるのは、生活モデルも知識も全くない中で判断しなければならない実務的なことが山ほどあるからだ。全体の舵取り、オーガナイズ、実際の細かい仕事の数々、周囲とのつき合い、そこに経験したことのない新たな事業＝育児が加わるのである。しかも、経験のないだけでなく、子は常に成長し次々と新しい判断を迫られるのが育児である。大家族では、結婚し小さい子を育てる時期には、祖父母世代がイニシアティヴをとり、家庭のまわし

表４　大家族と核家族の違い

	大家族		核家族	
育児の知識・判断の基準の学習	育児経験のある家族や地域の人が，子の世話や乳児のあやし方・遊びを見せる。それらの育児モデルが家庭内や地域等身近な場所にいる。育児の知識を必要な時に学び，聞ける。	⊕親業を習得しやすい ⊕子どもの育ちを知っている人が，子の状態にあったかかわりやアドバイスをする ⊖親の自由にできず，負担になることがある	育児の知識は，ITで調べる，子育て広場に行くなど特別の労力を使う。	⊕ IT 情報入手が容易 ⊖子どもの状況に合わせた適切な判断が困難。確信が持ちにくい ⊖メール等でのやり取りがメイン。行き違いが生じやすい
人とのつながり 見守り・孤立	親子を知る知人が多く，見守りがされる。	⊕日常的に，大人と話せたり，声かけをしてもらえる。孤独でない ⊕子の育ちを複数の目で見守れる ⊖時には，過干渉。煩わしい	見守りの人数が極端に少ない。近所に人はいても，親子の事を知る人が少ない。 少子化により子育て仲間と出会いにくい。	⊕公的施設の充実，自由に利用できる ⊖意図的に，親同士のつながりを作る必要がある
育児の担当者	子守をする人が複数おり，子どもを預け，家事等に専念できる。親が出来ない時に，誰かに代わってもらえる安心感がある。	⊕子どもの世話を頼める ⊕息抜きができる ⊕自分だけの責任と考えずに済む ⊕年上の子どもは，育つ時に育てる事を学ぶことができる ⊖親だけの考えでできない	夫婦または一人での育児。 短時間でも預ける人がいない。自分が出来ない時の不安と緊張感がある。	⊖預けることが困難。ファミサポなど，お金を払って預ける。急の依頼が困難 ⊖息抜きがしにくい ⊖他の価値観が入らず，親の価値観だけに左右される ⊖子は逃げ場がない
家庭の維持 家事について	家庭全体の管理，家事，育児等を分担。各自が自分の分担をすれば，家庭が維持できた。オーガナイズは年上の世代が担った。 若い者は，家事分担をしながら，オーガナイズの方法を身に着けた。	⊕家事負担が少ない ⊖自分の考えだけで動かせず不自由 ⊕忍耐や我慢が育つ ⊖反面，辛さもある ⊕家庭のまわし方，人とのつき合い方を体験を通して学べる	夫婦で家庭の管理や家事・育児全部を担う。	⊕夫婦の考えが反映できる ⊖仕事量が多い
人とのつながり かかわりの経験	子どもは、家庭に居ながらにして多様な世代，多くの人とかかわり，人に慣れやすい。	⊕人とのかかわりを習得しやすい ⊖わずらわしい ⊕多様な価値観に触れる ⊕逃げ場がある	日常的に接する人が少ない。	⊕気軽 ⊖人とのかかわり方を習得しにくい

方や生活の配慮、近所との付き合い方を教えていた。それらの知識を基に親は考え判断ができたのである。祖父母世代と親世代、両者間の葛藤もたくさんあったが、楽な面もあったのである。

前述のように家事は皆で分担し、各自は一部を担っていれば家庭生活が回っていた。毎日する家事は手際よく出来るようになっていった。室内は家具や物が少なく掃除がしやすかった。育児も多くの手があり、皆で見守り育てていた。近所の子どもは下校すると遊びながら子守を手伝う。大人や大きい子のやり方を模倣して、それぞれの年齢に応じて自分より小さい子にかかわっていた。誰かに叱られても、他の家族や地域の人の所に逃げ込み甘えられた。皆、価値観が異なるので、叔母には受け入れがたい行動も叔父は凄いと捉え、ほめてくれた。自分を認めてくれる人がいるので全否定にならなくてすむ。反面、家族の人数が多い分、自分の時間を思い通りに使うことは難しい。食事は一緒にして一斉に片付ける等、生活をスムースにまわすことが優先された。意図をせず、生活リズムが作られ、その時々で礼儀を教えられてきた。すべてが「生活」の営みに組み込まれていた。当たり前のことをやっていればそれなりに子どもは育った。親になった若い夫婦からすれば、自分の価値観・やり方でのみ行動できず、その違いを受け入れる辛さもあった。初孫を祖父母が可愛がり、母親が子を取られた思いを持ったとの話も聞く。しかし、子ども達は様々な価値観にふれ、また、多様な人間関係を経験して育つことができた。

では、育児についてはどうだろうか？　大家族では育児の仕方を伝達する人がそばにいた。周りの人のやり方を真似していれば、自然に育児や家事のやり方も身につけられた。大家族の生活では、出産をして親になった時に、周りの大人たちが乳児を世話し、話しかけあやした。親が知りたい知識や方法を、知りたい時に目の前でやる人、つぶやく存在がいたのである。泣く子を祖母が外に連れ出し、言葉を話さない０歳の子に「今日は夕焼けがきれいだね」「ちょっと風が冷たくなってきたね」などと語りかける姿を見て、どのような時にどのような声かけをすればよいかを吸収していった。現代の親が最も必要としている子どもの状況に応じた判断の仕方を学べた。遠方の講演会に行かなくても、欲しい知識が生活の場にあったのだ。それらをモデルとして模倣すれば、いつの間にか育児の仕方は身についていく。以前は、空気のように日常生活にあたりまえに存在したので、それがあることすら意識していなかった。現代のように、育児の知識が伝わるシステムがなくなって初めてその重要性に気づくことになった。

子どもを皆で世話をしている良さは、少しの間子どもを預けられたことだ。一人で子どもをみる緊張感は結構高いものだ。息抜きができない以前に、子どもの様子を常に気にかけていないとけがや病気を防げない。子どもが寝るとどっと疲れが出るのは、この持続する緊張感からだ。

大人同士で話せるとすっきりするだけでなく、孤独感や社会から取り残された思いを感じなくてすむ。大人と話すこのあたり前のことが、核家族になり地域とのつながりがないと失われてしまう。核家族の自由さを求めた産物ではあるが、大人と話す機会がないままの子育て環境はほっておけない。その代償として母子密着状態や子どもをストレスのはけ口にすることも出てくるからである。

大家族では、子どもも子育てに関われた異世代の交流があり、育つ時に育てることを経験できた。だから、ある程度乳児の育ちを知って我が子の子育てをスタートできた。若い親は年配者から子育てを教えてもらい、同時に、子ども達に教える役割もとれた。人の役に立つ経験は人を元気にし、自信をつける。核家族では、育児でこの両方の役割をとる機会は少ない。

表4にみるように、大家族も核家族もそれぞれ長短両方を持つ。祖父母世代が若い世代に押し付けるかかわりは変えていかなければならないが、人が育つ時にある程度の必要な人数があるのではないだろうか。3～4人の核家族では少なすぎると思う。子どもが多様な経験を通して人間関係を学ぶには、家族を中心にもう少し多い人々が日常的にかかわれる社会的支援を念頭に置く必要がある。また、子育てに必要な事柄はどのような社会になっても変わらない。それらを親が積極的に取り組める支えが社会の役割だ。

❷ 子どもが育つ環境再考 ― 子育て広場の役割

大家族での生活を参考にしつつ、子どもが健康に育つために、社会的な役割は何か、子育て広場や子どもが利用する施設の役割を明確にすることでもある。

● 孤立していない ― 安心、安全、愛されている場

親子だけで居る時と誰かが傍にいる時の孤独感は相当違う。まして、子どもが乳児の場合には言葉での会話は皆無である。カナダの育児書「ノーバディズ・パーフェクト」（ドメス出版）は、親に必要なこととして8点あげている（表5）。その一つに〝他の大人と話をし、一緒に時間を過ごす〟ことが挙げられている。人は他者とのかかわりの中で、自分を確認し安定感を持つ。大家族であれば、一日誰とも話さない事態は起きない。それだけで、母親の孤独感は膨張すること

はなかったと考えられる。

他方、核家族ではパートナーと話す機会がなければ、大人との会話はない。帰宅したパートナーは疲れているだろうと言葉を飲み込む、疲れて帰ってきた時に愚痴は聞きたくないと言われ楽しいことは話しても聞いてほしいことが話せず、我慢が積もる。パートナーは仕事で大人と話しているので、相手がそれほど行き詰っているとは思いつかない。

子育て広場に出かけ、意図的に人と話す時間を作らなければならない時代になった。しかし、乳児を連れての外出に慣れていない親子は、母子カプセル状態になりやすい。社会から取り残される感覚を感じるようになり、どんどん孤立し孤独感が増す。乳児のちょっとしたことが、とてつもなく大きな不安となり、児童精神科医・渡辺久子の言う『赤ちゃん部屋のおばけ』の状態になる。この孤独感・不安感は大人とのつながりによって払拭されていく。親が誰かと繋がっている感覚―自分たち親子を理解し温かく見守られていると感じられる環境があると、親は安心して子育てがしやすくなる。

広場スタッフとの温かいつながりは、広場から離れても親子を包み孤独感から解放する。そのようになるには、まず、スタッフが親子と顔見知りになることである。親子をよく観て普段の様子を知っていれば変化を感じた時、寄り添いができる。そして親が本音で話せ「あのスタッフが

表5　親が必要としているのは
（『親』Nobody's Perfect）ドメス出版）

1	よく食べること
2	十分な休息をとること
3	体を動かすこと
4	新しいことを学び，それを実践してみること
5	楽しむこと
6	たとえ数分でも，毎日一人になる時間をもつこと
7	他の大人と話をし，一緒に時間を過ごすこと
8	愛と性の欲求を満たすこと

いるから広場に行きたい」と思えたら、孤立は防げると思う。

● 育児の伝達 ― 親役割を身に着ける

育児の仕方は多様である。価値観によって対応の仕方が変わるので、一概に教える事は難しい。特に幼児期以降になると、難しさが増す。「親の考えを尊重する」との考え方の元に、子育て広場ではスタッフが親の話は聴くが、指導はしない・自分の意見は言わないようにしているのだと思う。多様な価値観があることは承知の上で、筆者は育児の伝達の役目が社会に在ると考えている。妊娠中の両親学級で沐浴の練習は定番であるが、首のすわらない乳児の抱き方を丁寧に教える所は少ないように思う。授乳している間にズルズルと乳児の体がずれていく姿を時々見かける。安定した抱き方を知れば、子どもが心地よく授乳もスムースにいき、親の安心感や達成感も高まるであろう。前述したように、以前の社会では人々が子どもの誕生を喜び、家庭内や地域の人が乳児をあやし、かかわっていた。生活しながら乳児へのかかわり方・声のかけ方をみせ、誰かが育児の知恵をつぶやき伝えていた。乳児が眠い時には手が温かくなる、授乳時に乳首をふくんだ乳児の口の温かさを覚えておけば、熱がある時にはその熱さで判断できる等育児に必要な実際的な知恵の数々である。乳児のあやし方、おむつ替え時の声のかけ方どれをとっても、大人の生活にはない事ばかりである。単に知識だけでなく、乳児の様子を観察する姿勢も身に着けた。子どもの様子を判断の基準とすればよく、安心して子どもに接することができる。親のこの安心感が乳児の安心感につながっていく。安心な中での親子の交流が、乳児の愛着形成には欠かせない。迷った時、子どもを観察することで、判断できれば自信も持てるだろう。子どもを観る習慣がないと、直面する心配事すべてに回答を求めることになる。それでは、いつになっても安心な育児はできない。不安にならないために、自分の思うように行動するよう子どもに強要したくなるのもわかる気がする。

乳児は0歳後半になると、何でも口で確認をする時期になり、1歳過ぎに減っていく。「赤ちゃんの皆通り道なのよ、危険でないようにだけしておけばいいのよ」など、先の見通しを言う人がいると安心してみていられるものだ。しかし、それらの見通しをつぶやく人がいないと親の不安はどんどん大きくなる。育児の知恵や先の見通しをつぶやく人は、どのような時代になっても必要なのだ。

五十音がわからなければ文章が読めないのと同様、育児を知らずして子育ては難しい。0歳児の育児の知識やかかわり方は、育児の五十音にあたるもので誰もが学ぶことに位置づけたい。そして、広場ではスタッフが親に伝えてほしい。

● 人間関係を学ぶ

先（❹）にみたように第2次大戦後、核家族化によって、人とのかかわりは大家族の時と比較すると激減した。朝の挨拶一つを取ってみても、大家族では家庭内だけでも数回は言う。毎日繰り返している間に、人に会ったら挨拶をする習慣が身につく。一方、核家族では、親に言うだけである。練習の機会は極端に少なく、人に会っても恥ずかしさが先に立ち、声が出ない子もいる。人に会ったら挨拶をする大切さを大家族では年長者が教えていた。核家族では、親が意識を持たない限り挨拶をしない家庭も出てくる。

インターネットやライン等の機器による伝達手段が発達したことやゲーム機が遊びとして世界に広がったことも大きな要因である。これらの機器によるコミュニケーションを精神科医小此木啓吾は1・5の人間関係と表現した。直接的な人と人とのやり取りを2とすると、機器類ではつながりがないわけではないが薄いことを表している。この手段で人間関係をとる時に何が起きているかを把握することが、子育て支援への大きなヒントになる。人とのつながりの持ち方やストレスの回避法、感情の出し方やコントロールの仕方等の対人関係の持ち方を身に着けた大人の場合と学び途中の子どもの場合では影響が明らかに異なる。子どもの場合には、人間社会で生活する上に必要な対人関係の持ち方を様々な場で練習する必要がある。0歳には0歳の学びがあり、イヤイヤ期になった子にはその頃の感情の出し方やコントロールの体験が欠かせない。最近は、幼児や学童期のキレやすい子がしばしば話題になるが、急にその時期になって感情のコントロールが下手になったのではない。それ以前の社会性の学習が不十分と考えられる。各年齢での感情の出し方や人間関係の持ち方をその時々に教えられ学習は進むのである。同時に、ストレスへの耐性も徐々に強くなる。例えば、1歳頃、いじっていた積木を投げた時、どのようにかかわるだろうか？「積木を投げたらだめでしょう！」「何で積まないの？」と否定されると、子どもは自分の思いを受けとめてもらえず、さらに感情を爆発させ、ものを投げたりひっくり返ったりする。感情や行動モデルをみせる時期と捉えていれば、「積木、ないないしようねー」と積木を片付け始めると、子どもは模倣して片付け始める。「片づけ上手ね」と認められる。箱に投げ入れる遊びにすれば、子どもの要求を満たしつつ、人にはあてない。感情の爆発もさせずに積木の扱いを学ぶ。

信頼や尊敬をしている相手からの言葉や行動であれば、取り入れたいと思うのは大人も子どもも同じである。だから、乳児期初期に育てる「人を好き」との感情が大切なのだ。人への愛着は、ものごとを取り入れる窓口であり、子どもの世界を適切に広げられるからだ。

● 育つ時に育てる事を経験する ― 異世代の交流

コラムでみたように、以前の社会では共同の生活に、人と人との交流があちこちに存在した。その一つが異世代の交流である。弟の世話を近所の子どもと競い合った筆者の姉だけでなく、大人からきょうだいや近所の小さい子の世話を頼まれるのが日常だった。大きな子がしている小さい子の世話の仕方を見ながら、自分もいつか大人から「ありがとう。助かったよ」と言われるようになりたいと思いつつ育ったものだ。憧れだけでなく、大人からあてにされて大変だなーとの思い等、状況や人の気持ちも体で感じていた。図6は子育て広場で小学生が乳児と交流した時の感想である。小学生は初めて赤ちゃんを抱いた時、「ぷよぷよだった」「ちょーあたたかかった」と感じている。神戸レポートでは、親の約六割が育つときに乳児の世話の経験がなかった(2003)。おそらくは、我が子を初めて抱いた時に親たちも小学生と同様の感想を持つのだろう。接し方のわからない命を育てていく、しかも休みなしにと思うだけでも、重圧を感じて当然で、その戸惑いは計り知れない。子どもが育つときに、乳幼児の世話や遊びの機会を意図的に作ることが、これからの子育て支援には必要だ。

育児だけではなく、他のことでも異世代の交流は必要だ。以前は3歳くらいになれば、大きい子と一緒に過ごしていた。家の手伝いの草刈りをしながら、のびるを採りカエルを追いかけた。長崎県対馬の85歳の江崎マス子さんの話しでは、男の子は小刀を持っていたという。ともすれば凶器ともなる道具だが、山に行ったときには枝をはらい、その使い方を身に着けた。時には手を切ることもあったであろうが、どう手当てをするかも学んだのだという。子どもは年長者に教えられ、自分が年上になった時にはその技術を年下に伝えた。考え工夫をし、意見を言いあって育っていた。試行錯誤する環境は子どもの育ちに欠かせない。その試行錯誤の体験が育児にも活かされると思う。

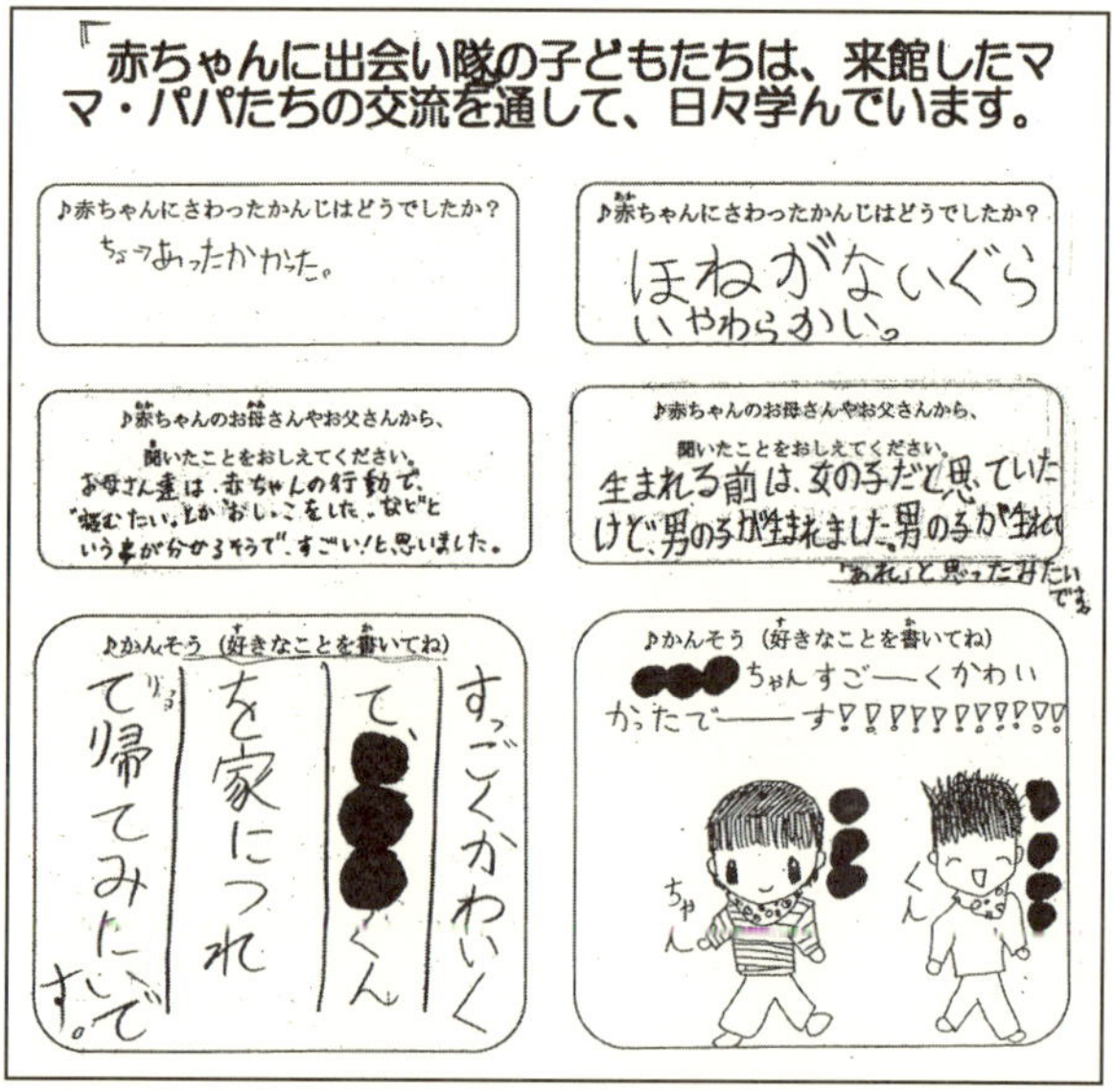

図６　小学生の感想

●「複数の柱」を作る

生きていると実にさまざまなことに出あう。戦時中を生きた先輩たちは想像を絶する苦労だったと思うが、どの時代にもそれなりの苦労があろう。どのような時期にも、自分を支えるものがひとつだけだと苦しい時に倒れやすいと思う。相談の仕事でも感じるが、比較的早く立ち直れる方は自分を支える「複数の柱」を持っている。例えば、自負心を持っていた仕事の失敗で失意のどん底に陥る。それまで仕事に思いを注ぎ込んだ年月も無駄に思えるマイナス思考になりがちだ。そのような時に親としての自尊感情、あるいはパートナーと認め合える関係や友達とのつながり等の別な柱が支えになり元気を取り戻すと、仕事への向き合い方も変化する事はよく起きる。親プログラム（ノーバディズパーフェクトプログラム）で父親としての自分を見出した親が、残業中止になった時に以前ならふてくされていたが、早く家に帰れて子どもと遊ぶ時間が持てると前向きに考えたと言っていた。育つ時も同様である。母親に叱られても他の価値観を持つ叔母に受容される。Eちゃんとケンカしたけれど、Fちゃんやきょうだいと遊んでいるうちに、またEちゃんと仲良くなるというような、多様な人間関係に支えられ、学ぶことが必要だろう。

広場スタッフが親と様々な話をしながら、親の気づいていない面を伝えたことがきっかけで多様な見方ができることもあろう。例えば、離乳食を食べないと心配する親に「一生懸命心配してくれる親がいて、子どもは幸せ」と話すと、いつの間にか〝親になっている〟自分に気づく。心配ができる自分を認める視点をもてる。

●生活の仕方、生き方の知恵を学ぶ

仕事では合理的思考が重要視されている。計画が適切である程、予測通りの結果となるとの考え方である。予測に反した結果の場合、原因は何かと悪者探しをし、対応する。人の感情が絡まない事柄には、この合理的思考は有効に働くことが多い。

他方、子育てや家族・人間関係では、この合理的思考は通用しない。人には感情や価値観があるからだ。考え抜かれた計画を立てても、子どもがぐずり泣いたら一瞬にして予定は崩される。いくら合理的に伝えても、そのようには行動できないのが子どもだ。人間らしく過ごしやすい社会にはこの非合理の考え方は不可欠である。現代は、非合理と合理のバランスをどうとるかが問われていると思う。これ程合理的な思考が充満していなかった時代には、自然に癒される反面ひれ伏すこともしていた。「まー、そんなこともあるさ」「悪い時もあればよい時もあるよ」など、論理的ではないが経験を元に出る先人達のつぶやきに助けられてきた。また、人間関係もスムースにしてきたのではないだろうか。さまざまな育児や生きる知恵の伝達も子育て広場の役割のひとつだろう。頭ではわかっているが、どうしても気持ちがついて行かない、気持ちが納得できないと言う親の発言を聴くとき、人間の根本は変わっていないことを確信するからである。理屈でわかることと気持ちとは異なることもあるとか、相手にまかせてみたら意外な発見がある等のつぶやきが聞ける広場であってよいと思う。

❺ 0歳児支援・保育革命

❶ 予防的な視点と対応を

虐待等の顕在化した問題への対処は社会の重要な課題である。増え続ける虐待通告への対応に、支援体制を強化している。しかし、問題対処だけで、子どもの心身の育ちを保障できるであろうか。答えは言わずもがな「否」である。問題対処と同時に、予防はそれ以上に重要である。予防対策なしであれば、虐待は増え続けるであろう。当たり前の生活を営んでいれば子どもが健康に育ちやすい社会環境ではなくなったからである。１９９０年代、子育て広場を導入する際、カナダやニュージーランドの子育て支援を参考にした。その頃カナダでは、予防の重要性を訴えていた。子ども時代に1ドルをかけることを惜しむと、将来7ドルの予算が必要になるとの説明であった。予防は労力も経費も少なくてすみ、何よりもその効果が大きく、しかも持続する。

０歳の子育てを始めた時から、予防はスタートする。０歳児のかかわり方を親が学び、親自身の力が発揮できるようにすることである。親や周りの人々が子どもに適切なかかわりを提供し、子どもの安定した育ちにつなげていく。この当たり前のことを、今まで現実の形とする努力をしてこなかった〝乳児期から〟焦点をあて、支援体制を作るべきだ。

社会は核家族化や地域のつながりが薄くなり、機器の開発で個人対個人の情報伝達手段に変化した。そして、人とのかかわりの減少が大きな要因となり、育児の知恵—特に０歳児とのかかわり方が伝わらなくなった。その結果、親が育児を楽しみにくくなっている。これらに加え、「両親で共同の育児」の方向に社会が動き出した。しかし、現代は子育てがしやすい労働環境とは言い難い。その中で試行錯誤の父親の育児や夫婦でのコミュニケーションのずれ等で、若い夫婦は相当ストレスを抱えている。

虐待等で親と暮らせない子ども達の安定した愛着形成を前面に出すようになってきた。できるだけ家庭に近い形で育てるために、里親に託す方向で国は動いている。２０１５年4月里親への委託は15・8％であるが、将来、就学前に75％、就学後の50％以上の子どもを里親に託す目標を掲げた（朝日新聞　2017.7.31）。諸外国に比べ、先進国の中でも養子は少ない日本である。血縁の重視が理由として挙げられているが、地域が変化した影響も大きいと筆者は考えている。村が協力し合って経済を維持していた明治時代には、村人が皆で海藻を採り互いに助け合う姿がある（１８９０年頃、Eliza R.Scidmore の記述）。夫を失い漁に出られない女性や息子のいない老人たちに、市場に出せない魚を村の人が分け与えていた（渡辺京二、２００５）という。地域全体として地域の人を支えるつながりがあったのだ。地域の繋がりは、現代の子育てにも欠かせないと私は考えている。子育ては、親子が生活する地域全体に支援の機能が求められる。人と人を繋ぐまでは行政や NPO など支援者ができるサポートだ。その支援を面（地域全体）に広げるには市民全員の力が必要となる。

19世紀後半、来日した外国人の間では日本人と仲よくなるには乳母車（今のベビーカー）を押して散歩をするとよいと言いつがれていたそうだ。日本人は子どもをとても大切にするから、皆が声をかけると言う。赤ちゃんが生まれて世界一幸せな国（K. サムソン）とイギリス人の目には映るほど、皆が子どもにかかわっていたことが書かれている。このように、地域の人々皆が子育てにかかわっていた日本社会では、全ての人が子育て支援者であったとも言えよう。子育ては特定の人ではなく、全ての人が関心を持ちかかわるべきものと考える。なぜなら人は皆、誰かの助けを得て育つからである。だからと言って、国が何もしなくてよいという事ではない。むしろ、その場しのぎの施策でなく、子どもの心身の健康な発達をミッションとして、一貫性のある必要な対策を大いに期待したい。

幸いなことに、日本には乳児にかかわるシステムがたくさんある。母子手帳の配布、妊娠中の両親学級、新生児訪問や1か月健診、4か月乳児健診はほとんどの親子が利用する。子育て広場や児童館は親子の孤立を防ぐことに寄与している。ファミリーサポート事業は、育児をサポートするだけでなく地域の人との繋がりを作ることにも貢献している。ブックスタートやイギリスに端を発した家庭訪問型子育て支援・ホームスタート事業、最近始まったフィンランドのネウボラを参考に子育てを始めた親を子育て支援施設に繋ぐための事業等多様なシステムが作られている。0歳を持つ親子への支援は、世紀をまたぐ頃から試行錯誤をしつつも増えている。これらをいかに0歳の親の根本的な支援にしていくかである。それは、サービスを与えられるのを待つ、あるいは、よいサービスをショッピングするのではない。サービス提供型の支援は、親の要望はふくらむが、親の力は弱まっていく。自分が住み子どもが生活する地域を作る意識をもち、親が親力を自分で磨きたくなる支援にしていくことだ。

長期的予防の観点で考えれば、育つ時に育てることにふれることも重要である。小・中学校、高校の教育課程に乳児との世話や交流を入れ、人＝自分の育ちに関心を持ち学ぶ方法もできる。自分や他者の命の重みを感じ取れば、いじめ予防にもなる。カナダの共感教育（Roots of Empathy）の創始者M・ゴードン招聘（２００１）に触発され、日本でも学校に乳児を呼ぶ垣根が低くなった。静岡、石川、東京等一部の地域で乳児と生徒との交流が実施されているが、全国的広がりはまだ、みていない。学校だけでなく、乳児親子と子ども達との交流を様々な機会に意図的に作ることを提案したい。

話を子育て中の親子支援の予防に戻そう。一つ一つの制度や子育て支援施設の目的は何なのだろうか？親の育児不安を軽減すべく、地域の情報を渡し話を聞き、子育て広場では親の孤立を防ぐ。必要なサービスにつなげる。それらを実行してきて、子育ての不安は減少しているだろうか？心の土台である愛着形成にそれらはどれだけ寄与しているだろうか？それぞれが果たしている役割は認めるが、子どもの育ちにそれだけでよいのか問い直したい。

親子でやりとりをし、情の通い合いが間主観的体験となり親子関係を育て、子どもの愛着を形成する。しかし、乳児が親とのつながりを刻々形成していること、それは情を通い合わせつつ共同作業をすることでできること、またその方法を誰が親に伝えているだろうか？やり取りのコツさえつかめば、誰もができる非常に容易なかかわり方であり、親自身も子育てに喜びややりがいを感じられる。今までの育児支援は漠然と対象を〝親子〟とうたってきた。前述したように、実際には〝親だけ〟の支援が大方である。予防の中に最も基本的で重要な『子どもの育ち』を目的とした『親子の交流』～親子が向き合うことが欠けていたのではないか。

❷　０歳児支援・保育革命 ― ０歳期の支援の特別性

❸で見たように０歳の乳児の能力と最初の一年間の発達は目覚ましい。その能力に、今まで我々は無頓着過ぎた。０歳期は心の土台となる基本的信頼感の形成（E.H. エリクソン）が必要と学んでいるにもかかわらず、実際、どのように発達を支えるか、支えているかには注意を払ってこなかったのではないだろうか？　０歳期の愛着形成はその後の行動の仕方に関係する。それは、子

ども時代だけでなく生涯大人になっても影響をする（岡田尊司）重大なことも示してきた。臨床心理士としての仕事で、大人になっても悩み苦しんでいる方に出会うだけに、その重要性をどんなに声を大にして言っても言いすぎることはないと思う。

０歳の育児支援・保育と、１歳以降の育児支援・保育とは全く異なることを、まず強調したい。なぜなら、０歳期は、社会での行動のしかたや判断の基準、さまざまな情報を取り入れる土台を作る時期だからである。したがって、幼児にする遊びや対応を簡単にして０歳期にすればよいのではない。０歳の支援・保育を捉え直す―『０歳児支援・保育革命』の提案である。

０歳の乳児の育児指導は、授乳・おむつ替え・沐浴と清潔の保持などのいわゆる世話が中心である。したがって、乳児の心や体を育てることについては、親はほとんど学ぶ機会がないのが現状であろう。支援者である我々も、親に伝えられるだけの詳細な学びをしていない。今まで、０歳の支援や保育については、学ぶ必要性を十分に捉えていなかったことを反省せねばならない。保育士養成課程でさえ「乳児保育」などで取り上げる内容は、乳児の発達や世話が中心である。心の育ちや愛着の大切さは教えるが、その技法や乳児を観察する力、親子の関係性などを具体的に学ぶことはない。また、最も成長の著しい０歳期だが、その学びは誕生、３か月、５～６か月と飛び飛びであり、丁寧に細かく学べるようになっていない。教える側の我々が乳児の育ちにどうかかわるかを捉えていない事も原因の一つだ。

これまでは、子どもが育つプロセスの中の乳児の心育ての部分は各家庭や地域社会に任されていたと言ってもよいだろう。しかし、核家族化が進み地域のつながりが薄くなり、家庭や地域内で0歳のかかわり方が伝わるシステムが消滅した現代では、育児をする全ての人に0歳とのかかわり方を学ぶ機会が必要になってきた。我々の先輩は、0歳の乳児を丁寧に観察し、かかわり健康に育てることに心を遣い、その技法を家庭や地域で伝えてきた。それらの技法と根底に流れる乳児への慈しみの思いは子どもの心身の健康を育んできたと考えられる。

貧しくとも生き生きと日本の子ども達が育っている姿は、明治時代に日本を訪れた欧米人を驚かせたのである。ブラゼルトン新生児行動評価で有名なアメリカの小児科医T.B.ブラゼルトンは1980年代に来日し、日本では家族や地域で乳児を守り育てているとその子育てを絶賛した。彼が訪れた長崎県だけではなく、その頃、地方では乳児を守り育てる方法が在ったと推測される。現在でも山形や岩手、福島等では、祖母や年配の人が乳児にあやし唄をやっていると話を聞く。個人的なことだが、1980年代の私も同じ方法を使って我が子を育てていた。どこで誰に教えてもらったのか全く覚えがない。それ位当たり前に、乳児を目の前にすると誰もがやっていた方法なのだ。いつの間にか身につけられていた乳児とのかかわり方の重要性も必要性も気に留めていなかった。空気中の酸素が薄くなって初めて息苦しさを自覚するように、それが伝わらなくなって、最近その重要性に気づいた。だから、1990年代からの子育て支援策には、『乳児のかかわり方』は入らなかった。子育て相談や親の孤立を防ぐ今の子育て広場の形になったのである。親たちの―特に乳児とのかかわり方を支援の柱に今までしてこなかった。乳児に接する時に必要な知識として、『乳児を観察』すること、『乳児のペースでのかかわりや遊び』を入れ、『乳児と相互交流』の学びを0歳児の支援や保育者養成課程に入れていくことを提案したい。

東京都内の児童館での「人育ち唄」講座での、親たちの感想（表６）にもあるように、この学習によって、親は嬉しさを感じ育児にやりがいを見出せるので、自然に表情が明るくなる。講座では、乳児が眠ってできなくても、やり方や反応を知ると家庭でやれるのである。育児は一方的に親がやるのではなく、乳児が親から吸収し乳児なりに精一杯応答しているとわかるだけでこれ程まで親を元気にするかと驚くほどである。しかし、９か月女児の親の感想のように子どもの動きを読み取り親に通訳する人が必要である。親のみでなく、支援のスタッフも同様である。今まで親子にどう声をかけてよいか、赤ちゃんクラスで何をしたらよいのかつかみ切れていなかったのが明確になったとスタッフも自信がもてる。乳児は親や人々の笑顔を見て育ち、乳児も表情豊かになり、親子関係や愛着が形成される。結果として、親は理屈での育児をせず、子どもや家族との豊かな時間をつくりやすくなり、子どもの健康な育ちにつながる。取りも直さず、虐待予防の一助にな

表６　「人育ち唄」講座参加者の声（東京都出前講座）

参加児の月齢	親の感想
2か月 男児	参加してとても良かったです。講座の時，眠ってしまいましたが，幼いうちに知れて良かったことが多くて，今後が楽しみになりました。お世話が毎日大変でしたが，今日参加して子育ては楽しいと思え，子どもと遊びたいです。
4か月 男児	心理学に基づく子どもとの関わり方を教えていただけてよかったです。自宅で取り入れやすい遊びが多かったので，早速今日からやってみます。
5か月 男児	赤ちゃんの反応をゆっくり待ってあげることが大切と初めて知りました。大変勉強になりました。楽しかったです。
6か月 女児	とても満足，目と目を合わせることの大事さ，コミュニケーションの大事さを知り，とても参考になりました。毎日実施していこうと思います。
7か月 男児	普段子どもとの遊び方が少しわかりました！！ただおもちゃで遊ばせるだけではなく，子どもの力を伸ばす遊び方ができればいいなと思います。
9か月 女児	自分では気づかない子どもの動きに先生が気づいて下さり，「あっそうか。この動きは私の真似をしてるのか」と初めて知りました。まだまだ子供をじっくり見れていないと再認識し，これから少しでも時間を作って，ゆっくり関わりたいと思いました。

ろう。日本の親は本当に一生懸命に子育てをしていると思う。しかし、失敗してはいけない、うまく育てなければいけないとの思いが強く、非常な緊張状態で子どもに向き合っているのが現状である。精神的な疲労が強く、リフレッシュをしなければ笑顔などになれないと思う。普通の親たちがイライラ感を持っている。それは、乳児と自分が分離している、あるいは「育てるもの」との一方通行の行為と勘違いをしているからではないだろうか。乳児とコミュニケーションができる・育児を子どもと共に歩むと感じられたら、一日一日が貴重な家族の時間になる。乳児との相互交流の具体的な方法は、他の育児の基本的知識同様に教えられなければわからない。

幸い乳児が安定した愛着を形成しやすい具体的で簡単な技法が日本には残されている。我々の先輩が伝えてくれた『日本の育児文化』である。日本に伝わる様々な乳幼児とのかかわり方を心の発達課題（E.H. エリクソン）と照合してみると、各段階の心の発達課題達成が理解しやすく具体的方法がわかる。それらは、一般的には、乳児のあやし唄、遊び唄等の呼び方で表現されている。乳児期のこのかかわり方を学ぶと親の表情が一変する。我が子が自分のしたことを受け取り反応しうる存在とわかるからである。親も子も、共に育つとの意味を込めて筆者は『人育ち唄』と名付けた。『人育ち唄』の詳細は、№2に紹介予定である。

話は横道にそれるが、『人育ち唄』は育児に関する日本の『巧み』の世界だと思う。そして、沢山の子育てのヒントが入った貴重な日本の育児文化だ。他の日本の染物や鋳物の伝統的な技術と同様、脈々と経験で伝え続けてきた。欧米的な思考はまず理論で考えるが、日本人は、得意の『観察する眼と感じる心』と『生まれた子どもが元気に育ってほしいとの願い』とを持って、子どもの成長とかかわり方との関連を見出した。家族や地域で有効なやり方を何百年もの間文字に残すこともなく当たり前のこととして伝え残してきたのだ。

乳児は人との心地よい体験をすると、生まれつきもつ人に注目する力が磨かれる。また、子どもにサービスをし過ぎず、子どもが自ら自分の体を動かすことにより意欲が高まり、運動発達も促される。人がかかわることで子どもの成長にとって欠かせない親子の関係性が強まり、そして安定した愛着が形成される。親は子どもの反応を待つ間に観察することを学び、子どもが親のしたことをまねることを捉えることができる。簡単で同じ遊びをしても、月齢によって子どもの真似の違い・成長を親自らが感じとれるようになる。それは親が最も望む我が子の確かな成長である。親が子どもとのやり取りを理解し、実際に乳児の反応を目の当たりにすると、親は途端に笑顔になる。2か月の子の親が「人育ち唄を学べてよかった。実は2か月になって、子育てがいやになってきていた。赤ちゃんは何も反応しないと思っていたし、このままずっーと、私はおむつ替えをしておっぱいを飲ませて、自分はどうなってしまうのか……と落ち込んでいた。社会から取り残されていくと思っていた。人育ち唄を学んで、子育てに楽しみが出てきた。パパにも話します！」と目を輝かせた。子どもの世話の大変さは全く変わらないにもかかわらず、親の表情は晴れやかになった。自分の存在意義が乳児とのやり取りによって確認できるからなのだ。誕生後2～3週間は周囲の支えがあり、その後家族だけの生活が始まると母親は必至で子育てをする。慣れていない一つ一つの世話をこなすことで毎日精一杯、あっという間に1か月が過ぎる。乳児の成長（主に体重・身長の増加）と自分の産後の体調の回復の確認が1か月健診で終わると、ほっとする。と同時に、日常を振り返り、母親の不安は大きくなる。社会から永遠に取り残されてしまうような孤独感など様々な思いがよぎり、子育てがいやになる時期である。育児を始め多少子どもの世話に慣れたこの時期にこそ、乳児とのコミュニケーションの仕方やコツを体験し、子育ての根本を学んでほしい。そして、せっかく出会えた子どもとの時間を四苦八苦しながらも豊かでかけがえのない歴史を編んでほしいと思う。

乳児の愛着形成が子どもの心身の健全な成長につながる事はよく知られている。それには、0歳期の重要性と乳児を侵害しない間主観的なかかわり方を支援者が再認識すること、学ぶことがスタートになる。支援者の我々が、0歳の乳児の観察眼を磨き、どのような方法で乳児の心身の発達を支えられるかをもう一度謙虚に考えてみることを提案したい。幸い、我々には先人の残してくれた乳児と向き合う育児の文化遺産がある。それを紐解き、活用できるところは活用し、最終的に子どもが健康に育つことに心をもっと遣っていきたい。

●参考文献

小西行郎『赤ちゃんと脳科学』集英社新書　2003
小西行郎・遠藤利彦（編）『赤ちゃん学を学ぶ人のために』世界思想社　2012
山口真美・金沢創（編著）改訂版『乳幼児心理学』放送大学出版社　2016
正高信男『０歳児がことばを獲得するとき』中公新書　2003
J.I.P. de Vries,B.F.Fong「Normal fetal motility」Ultrasound Obstet Gynecol 27:901-711 , 2006
P.R.Huttenlocher「Morphometric study of human cerebral cortex development」Neuropsychol 28:517-527,1990
坂井克之『脳科学の真実』河出ブックス　2009
森昭雄『ＩＴに殺される子ども達』講談社　2007
T.Berry Brazelton 著 , 小林登訳『親と子のきずな』医歯薬出版　1982
T.Berry Brazelton 著 , 森上史朗訳『１・２歳児をどう育てるか』医歯薬出版　1983
河合隼雄・小林登・中根千枝編『親と子の絆』創元社　1986
岡田尊司『愛着障害』光文社新書　2011
服部洋子・原田正文『乳幼児の心身発達と環境―大阪レポートと精神医学的視点』名古屋大学出版会　1991
原田正文『子育ての変遷と次世代育成支援―兵庫レポートとにみる子育て現場と子ども虐待予防』名古屋大学出版会　2006
家庭的保育研究会『家庭的保育基本と実践』福村出版　2015
松本園子・永田陽子・福川須美・堀口美智子『実践家庭支援論（第３版）』ななみ書房　2017
小出まみ・伊志嶺美津子・金田利子『サラダボウルの国カナダ』ひとなる書房　1994
小出まみ『地域から生まれる支え合いの子育て』ひとなる書房　1999
櫻田大造『誰も知らなかった賢い国カナダ』講談社新書　2003
汐見稔幸・大枝桂子編『世界に学ぼう！子育て支援』フレーベル館　2003
福川須美・近本聡子ほか「非営利・協同組合ネットワークの子育て支援のあり方に関する国際比較－カナダと日本を見る―」科研費助成研究報告書　2005
藤田浩子編著・保坂あけみ絵『藤田浩子の赤ちゃんのあやし方・育て方』一声社　2013
藤田浩子『育つ・育てる』１～３　一声社　2007
阿部ヤヱ『呼びかけの唄』エイデル研究所　2000
阿部ヤヱ『人を育てる唄』エイデル研究所　2002
阿部ヤヱ『知恵を育てる唄』エイデル研究所　2003
永田陽子『人育ち唄』エイデル研究所　2006
Viktor E. Frankl 著，霜山徳爾訳『夜と霧』（フランクル著作集１）みすず書房　1961
渡辺京二『逝きし世の面影』平凡社　2005
ハーバート・G・ポンティング著，長岡祥三訳『英国特派員の明治紀行』新人物往来社　1988
イザベラ・バード著、時岡敬子訳『イザベラ・バードの日本紀行』（上）講談社学術文庫　2010
K. サムソン著，大久保美春訳『東京に暮す』岩波文庫　1997
青木枝朗訳『ヒュースケン日本日記』岩波文庫　1989
エメェ・アンベール著，高橋邦太郎訳『続・絵で見る幕末日本』講談社学術文庫　2006
読売新聞「望まぬ妊娠に救いの手」2016 年 8 月 27 日
朝日新聞「就学前 75％を里親へ」2017 年 7 月 31 日
厚生労働省 HP
公益社団法人日本小児科医会　www.jpa-web.org/information.html

●永田　陽子（ながた　ようこ）
1950年生まれ
現在：東京都北区子ども家庭支援センター専門相談員
　　　ＮＰＯ法人子ども家庭リソースセンター理事
専門は，臨床心理学，臨床心理士
主な著書：『人育ち唄』（エイデル研究所，単著）2006
　　　　　『実践 家庭支援論（第３版）』（ななみ書房，共著）2017
　　　　　『新版 子どもの保健Ｉ』（ななみ書房，共著）2017

0歳児支援・保育革命 1　　ななみブックレット№9

2017年11月15日　第1版第1刷発行

●著　者	永田陽子
●発行者	長渡　晃
●発行所	有限会社　ななみ書房
	〒252-0317　神奈川県相模原市南区御園 1-18-57
	TEL　042-740-0773
	http://773books.jp
●絵・デザイン	磯部錦司・内海　亨
●印刷・製本	協友印刷株式会社

ISBN978-4-903355-68-9
Printed in Japan

定価は表紙に記載してあります／乱丁本・落丁本はお取替えいたします